泥與火的藍調

The Blues of Clay and Flame

從唐代藍彩瓷到元代青花瓷

The Blue-and-white from the Tang Dynasty to Yuan Dynasty

曾肅良 著

自序

回顧過去個人研究藝術史的經歷，倏忽已經超過三十年的歲月，從美術創作實務的實踐到思想理論的探討，從書畫藝術開始入手，到追溯各種藝術的源流與脈絡，進而逐步踏入古陶瓷研究的領域，再延伸進入其他美術工藝品的世界。我所開拓的視野愈是寬廣，愈是發現人類所創造出來的藝術世界浩瀚無涯，學問深不可測。

除此之外，在多年的教學與演講經驗之中，我深深覺得，一般人在欣賞藝術之時，慣常以感性的態度，使得一般人對於藝術的認知往往流於感性的抒發與天馬行空的想像，殊不知藝術源於感性，也誕生於理性，一件藝術品所展現出來的意義，除了感性的形式語言之外，也含藏豐富的理性意義，等待我們去品味、欣賞與解讀。

「青花瓷」是一個耳熟能詳的名詞，但是大家往往僅是讚嘆青花瓷器優美的紋飾、器型與潔白純淨的氣質，對於其歷史淵源、工藝特色、藝術風格與文化意義等等層面的認識，卻是相當有限。

中國古代的青花瓷器在國際藝術收藏市場上一向吸引了許多海內外收藏愛好者的青睞，但是隨著其價格的上漲，贗品也隨之氾濫，多年來，在我協助一些收藏家的藏品鑑定工作之中，我發現在許多收藏家的藏品之中，混雜著許多贗品的蹤跡而不自知。深究其原因，在於一般人缺乏對於青花瓷整體、細膩與系統化的知性認識。

本書的撰寫是以我在台灣師範大學藝術史研究所以及阿賴耶藝術講堂的「文物鑑定學」課程的教學講義為基礎，在出版社的邀請之下，加入了更多更新的資料使其內容更為豐富，同時加入許多圖片，並在文字上加以潤飾，捨棄一般冗長而晦澀的學術寫作方式，力求行文順暢，深入淺出。由於教學與書畫創作繁忙，僅能利用課餘時間伏案寫作，點滴成篇，歷時三年多始成。

我意圖提供一個全面性的知性視野，提供給一般喜歡欣賞青花瓷的愛好者，更提供給有興趣收藏古代青花瓷的收藏家，以理性與科學的觀點，分別從歷史、工藝技術、材料與藝術風格等等角度，剖析其技術與文化意涵，讓大家可以在欣賞青花瓷之餘，更為深入地一窺青花瓷的深層秘密。

以多年的鑑識與研究經驗，我行旅中國各地古代窯場遺址以及海內外各地著名的博物館，蒐集了青花瓷樣本與圖文資料，也親自參訪了大陸從事高仿青花瓷的工藝師們，更結合了目前最新的考古的成果與認知，誠摯希望此書對於提升欣賞的素養與收藏鑑識的眼光，有著一定的幫助，也深切期待更多的研究者與收藏家繼續對青花瓷進行更為深入而詳細的研究與探索。

曾肅良

二〇一九年一月　戊戌年冬月歲暮

謹誌於台灣新北市林口　霧隱山房　燈下

推薦序——尹毅

中國文化和旅遊部中國藝術科技研究所藝術品鑒證重點實驗室專家委員會主任
中國藝術研究院研究員、中國藝術研究院中國畫院科研室主任

曾肅良是中國北京中國藝術科技研究所藝術品鑒證重點實驗室臺灣方面的特邀研究員。該實驗室的有些科研任務是依靠特邀研究員完成的，曾肅良就是我所陶瓷科研所依靠的主要專家之一，也是兩岸藝術品科研交流中的一位倍受關注者。

曾肅良一九八四年畢業於臺灣師範大學美術學系，一九九〇年於中國文化大學取得碩士學位，二〇〇二年於英國萊斯特大學博物館學研究所取得博士學位。他的繪畫專業技能、藝術品鑒識學問、博物館學知識是由多家名校名師培養出來的，是藝術品研究領域集創作、認知、管理各系統綜合研究於一身的難得人才。

雖然在藝術品鑒識專業隊伍中，尚屬年輕專家，但其生活閱歷和工作經驗卻比較豐富。他視野開闊，思維敏捷，擁有高超的專業技能與素養，而且著作頗豐，至今已擁有二十本以上的專書出版，這部《泥與火的藍調》是他的最新專著，特別推薦給讀者關注。希望曾教授繼續努力，能為業界及社會做出更多貢獻。

尹毅

推薦序──曾永寬

國立台灣雲林科技大學 文化資產維護研究所 所長
國立台灣雲林科技大學 文化資產維護系 文物科學檢測實驗室 負責人
國立台灣清華大學 材料科學研究所 博士

曾肅良教授早在一九九〇年代初期就已經在藝術雜誌與期刊上發表許多文物藝術品鑑識的文章，並以顯微圖片探討文物真偽的差異，提倡實物與理論根據的科學鑑識，並呼籲政府與民間重視藝術市場之中贗品氾濫的現象。一九九七年赴英國深造，以文物藝術品鑑識、收藏與市場為主題，取得博物館學博士學位。返國之後，在大學研究所之中開設「文物鑑定學」，是當時前所未見的研究所新課程，二十年來推動文物藝術品鑑識學不遺餘力。

二〇〇八年，曾肅良教授創立「台灣藝術行政暨管理學會」，匯聚學術界與民間力量，一起進行文物藝術品鑑識科學的研究，迄今已經陸續舉辦了三屆的文物藝術品科學技術學術研討會，邀請了國內外專家學者與會，並分別出版論文集，本人以文物材料與檢測的專業，也參與研討會發表論文。

二十多年來，曾教授在此一領域，培養不少種子人才，散播在政府部門、基金會、畫廊、古董店、藝術雜誌、拍賣公司等等，各有所成。至今其本身仍舊秉持「讀萬卷書，行萬里路」的務實與科學的精神，參觀海內外的博物館與美術館重要展覽之外，更積極參訪考古遺址，收集各種文物標本，拍攝圖檔，建立數據與資料庫。

此書經過多年的蒐集與撰寫，曾教授將其對青花瓷的研究與理解，從歷史、文化、材料、工藝技術、收藏與市場等等各個面向探討，寫成專書出版，不僅內容紮實，資料新穎，內文圖檔更是豐富，是曾教授走訪各地辛苦所得，提供對照與參考之用，相信讀者一定能從此書獲取許多與古代青花瓷相關的知識，並培養出文物科學鑑識的正確態度與基礎能力。

曾永寬

目錄

導論　青花瓷的形成與熱潮 11

第壹章　概說青花瓷 23

導論　青花瓷的形成與熱潮

一、從彩陶到青瓷的漫長歷程

中國在史前時代就已經進入陶器時代，從簡單的素紅陶到以紅、黑、白等顏料彩繪的彩陶生產，在這一段漫長的陶器發展過程中，先民在長期的勞動實踐之中，逐步發現土種的差異性。進入新石器時代晚期以後，中原地區就已經開始出現白色陶器的生產，白陶器其實就是用白色的瓷土所製作的新品種，證明上古先民已經發現瓷土材料（圖1）。

新石器時代晚期，中原地區的物質文化進入了青銅時代，窯爐技術逐漸提升，燒製溫度已經可以到達一千度的水平，到東漢時期就已經真正可以燒出一千兩百度以上的高溫，燒製出真正的瓷器。

火溫的控制跟窯爐技術密切有關，依據考古發現，中國人最早在商代就已經設置了龍窯，用來進行陶器的燒製。以窯爐的形制來說，北方是以饅頭窯為主，南方則以沿著山坡興建的長型龍窯為主。由於窯爐技術的不斷演進，在商周時期就已經可以燒製素質更好的印紋硬陶（圖2）和原始青瓷。

釉藥的發明，事實上是起源於一種偶然的發現，遠古工匠在燒製陶器的時候不經意發現草木灰落在器物表面上而形成斑駁的釉斑，加以實驗之後，開始燒製帶有釉層的陶瓷器，燒製出來的陶瓷表面上的釉層呈現黃綠色，在商代零星出現，而在東漢逐漸成熟，形成中國最早生產出來的青釉瓷器，稱之為「早期青瓷」（圖3）。

中國最早出現的原始瓷器品種就是以青瓷為主，到了東漢時代，陶瓷工匠已經可以燒製出真正符合現代瓷器標準的青瓷，在宋代達到最高峰，各地青瓷窯場林立，河南地區專為北宋時期皇室所燒製的汝窯，釉質如同玉器一樣，溫潤、凝重而優雅。

（圖 1）商代白陶

（圖 2）戰國時期印文硬陶

（圖 3）東漢時期 早期青瓷飛鳥紋雙系罐

二、唐代青花的萌芽

青花瓷一直要到唐代才出現蹤跡，青花瓷器在早期無法出現的原因，在於青花瓷的製作需要有潔白的瓷胎為底。早期瓷器的胎土都是以灰色為主，因為土質含鐵量較多，無法呈現出潔白光潤的胎底，在上面繪寫藍色的鈷料並不好看。因此，一直要到唐代，練土技術更臻成熟，將瓷土中的鐵質與雜質以沉澱很多次的方式，將之盡可能地去除，才有可能燒出透明質地的白瓷，在此一技術到位之下，唐代才能出現白地藍彩的瓷器，稱為唐代「藍彩」瓷器，其實就是一般俗稱的「唐青花」（圖4）。

（圖4）唐代藍彩罐

青花鈷料有濃淡淺深的層次，等於在畫水墨畫一般，畫工可以畫出帶有景深情趣的的深淺效果，不僅僅是一個圖樣而已。但是每個時代都有技術上的限制，唐代的青花鈷料的製作還只是剛剛開始，只能有一種顏色，無法製作出各種層次的藍色鈷料，瓷器上的紋飾只能做出青花的圖樣，無法做出多種藍色調的層次感。目前，我們可以在留存下來的唐三彩上，看到鈷藍使用的痕跡（圖5）。

宋代社會是由文人階層主導，崇尚素雅簡約的審美情趣，北方尚白瓷，南方還是以青瓷做為主流，民間就比較難以發展繪寫瓷。也有一些窯廠已經生產繪寫瓷器，如河北的磁州窯，用鐵料來繪，而非鈷料。

另外，宋代朝廷採用和平外交的策略，國力較弱，為了自保，因此採取鎖國政策，西北地區的交通與商旅利益為異族國家所壟斷，由於絲綢之路的封閉，鈷料也可能隨之中斷。

依據現在學者的研究，鈷礦是在伊拉克、敘利亞一帶產出，品質與中國本地所產的鈷礦不同。西域鈷礦發色較為鮮藍而濃艷，以製作外銷青花瓷器為主。後來中國陶匠也在江西、浙江、甘肅等地陸續發現鈷礦，國產的鈷礦青料發色比較淡雅而灰藍，製作的青花，主要是做為內銷青花瓷之用。

（圖5）唐代三彩爐（攝於加拿大多倫多皇家博物館）

三、歷史迷霧中的宋代青花瓷

在宋代，青花瓷的發現幾乎是空白一片。曾經有考古活動挖出所謂的宋瓷青花殘片，但是一方面標本稀少，另一方面眾說紛紜，仍有爭議。宋代也有用鐵料做為顏料的繪寫瓷，如河北磁州窯、江西吉州窯。或黑瓷，或窯變，或花瓷，但是幾乎沒有見到宋代青花的蹤跡。

鈷礦是與銅、鐵等礦石共生，為了獲得純淨的顏料，淘煉顏料的技術必須提升。中東人從西域進口鈷礦進入中國，並非已經是可以直接繪寫在瓷器上的鈷礦顏料，中國的工匠從唐代開始，接受伊斯蘭人所傳授的提煉技術，就已經可以能提煉出更為純粹的顏料。到了元朝，蒙古人建立了橫跨歐亞的龐大帝國，絲路重啟，國力強盛，伊斯蘭地區所出產的鈷礦石料可以源源不絕地進入中國，因此產生了青花瓷的盛世，也開啟青花瓷做為外銷瓷的貿易之路。

青花瓷的技術雖然在宋代中斷，但所幸還能在元代復甦，開始銷往全世界，形成全球化的青花瓷熱潮，這段青花瓷的歷史與文化現象，應該是東西方人類共同的珍貴文化遺產與記憶。

四、元代青花瓷啟動貿易與全球化風潮

在十八世紀以前，西方人一直無法燒製出真正的瓷器，只能燒出較為鬆軟與脆弱的軟瓷，質地近乎白陶，不能稱為瓷器。由於瓷器的工序相當複雜，當時只有中國擁有燒瓷的技術。一直到十八世紀，瓷器燒製的秘密才被歐洲人破解。這種對於中國瓷器的仰慕與迷思，導致中國自古以來被西方稱呼為「瓷器之國」，所謂「China」，事實上就是瓷器的意思。

「青花瓷」是一種帶有藍色紋飾的瓷器，是以鈷礦所製作而成的顏料在潔白瓷器胎體上繪寫的瓷器。「青花瓷」在人類的物質文明史上，是第一個由中國民族主導下，在十四世紀燒製成功的鈷料繪寫瓷器。

從國際貿易的觀點來看，七世紀以後，中國的瓷器已經透過陸上絲綢之路開始外銷全世界，晚唐以後，海上運輸逐漸盛行，中國的瓷器透過海上絲綢之路運往全世界，當時是以青瓷品種為主。歷經六百年以上的摸索與實踐，十四世紀以後，製作青花瓷的技術與風格已經成熟，透過中亞西亞地區的伊斯蘭人的貿易與收藏活動，在歐洲的西方人逐步地接觸了中國的青花瓷，驚艷於青花瓷器的優美與精緻，開始對中國青花瓷器產生仰慕，特別是質地輕巧潔白而紋飾亮麗的青花瓷。

青花瓷當時的國際貿易是由中國朝廷主導，賣給中東、歐洲的數量是非常巨大的。青花瓷生產主要分成外銷瓷與內銷瓷，外銷瓷主要是滿足伊斯蘭與歐洲地區的訂單。要求中國工匠生產他們所需要的圖樣，像是家族徽章，甚至要求將天主教等宗教典故與故事會寫在青花瓷器上。從元代開始，歷經明清時期，中國儼然成為一個世界的青花瓷工廠。

時至今日，在中國的周邊海域或是東南亞海域就陸續發現有很多載運青花瓷的古代沈船。外國的商業考古或打撈船就常在這一帶海域打撈，賺了很多錢。其中最有名的是英國人麥克．哈徹（Michael Hatcher，一九四〇－）（圖6），他在印尼海域就曾發掘出一艘清代商船「泰興號（Tek Sing）」，沈船之內發現有幾十萬件的瓷器（圖7、圖8），他為了保值，還下令銷毀其中數萬件，他將這批中國貿易瓷器送到歐洲頂尖的德國拍賣公司（Nagel Auktionen）進行拍賣，為他賺進了至少三千萬美金的巨大財富。[1]

（圖6）國際著名尋寶人(treasure hunter)英國人麥克．哈徹

（圖7）泰興號出水的青花瓷器

（圖8）泰興號的青花瓷器
（攝於福建德化窯博物館）

1「泰興號」商船長五十米，寬十米，重一千多噸。一八二二年一月（道光二年）從廈門港出發，朝古稱「爪哇」的印尼駛去，為避海盜搶掠繞道西沙，不幸觸礁沉沒。一九九九年五月，澳大利亞一家海洋公司在南中國海附近把「泰興號」打撈出水，並撈獲了三十五萬件中國清代瓷器。瓷器大都是十八世紀和十九世紀初德化生產的用於出口亞洲市場的青花瓷，主要以青花盤、碗、杯、碟、罐、蓋碗等日用瓷為主。二〇〇〇年十一月十七日至二十五日，打撈上來的部分德化青花瓷器在德國斯圖加特拍賣。二〇一八年中國國內一家企業從英國貴金屬集團一次性購回十二萬件從「泰興號」沉船打撈出水的德化瓷器，其中部分瓷器捐贈給中國國內各大博物館。

五、中東與歐洲對中國青花瓷的迷戀

由於在十八世紀以前，瓷器一直都是中國民族所獨擅的工藝技術，因此從伊斯蘭的宮殿，到西方的王侯貴族，都興起了對中國瓷器的收藏狂熱。時至今日，歐洲地區還有將碗盤掛在牆上的習慣，然而在中國傳統之中則一直沒有出現這種習慣，那是因為瓷器在當時的歐洲是非常貴重的舶來品，除了實用之外，已經轉化為權力、身分、地位與財富的象徵，歐洲人將之懸掛在牆上，一方面是展示美麗的青花瓷器做為裝飾，另外一方面則是用來炫耀其家族的財富與身份。從餐具的使用上來看，因為瓷器比起木製、金屬與石製餐具顯得又輕便而美觀，又方便清洗，更合乎衛生條件，大幅度地改善了西方人的飲食習慣。不論從經濟貿易與階級意識、審美意識、餐飲文化等等角度來多方審視，從十四世紀以後，中國青花瓷對於西方文化的影響是相當巨大的（圖9）。

元代以前，中國地區瓷器外銷的最大宗原本是單色的青瓷，依據考古資料顯示，青花瓷從唐朝出現，到元代晚期開始進入製作的高峰，在對外貿易上，逐漸取代了原本興盛的青瓷。在元、明、清三朝，青花瓷為中國賺進了大量的外匯，從經濟觀點上來看，元明清三朝的興盛，除了絲綢、茶葉的外銷之外，主要就是靠著瓷器的外銷。

（圖9）喬凡尼 貝里尼（Giovanni Bellini）的油畫作品，神的饗宴（The Feast of the Gods），1514年（局部）

六、承載豐富藝術與文化訊息的青花瓷

青花瓷結合了各時代的工藝技術、審美風尚與文化積澱，蘊含了很多的文化內涵。在青花瓷上所繪寫的圖樣，可以看出當時流行的思潮、時尚、信仰、審美、民俗的趣味等等。

元青花上面繪寫的題材與內容，一般有宗教信仰、風俗、花鳥、山水、人物等等（圖10），最少出現的題材是描繪歷史典故的內容。審視全世界的收藏之中，目前應該沒有超過十幾件，如蒙恬將軍、三國演義、唐太宗等的歷史故事（圖11），每一件人物故事題材的元代青花瓷器在國際拍賣會上的成交價，都至少有數億元台幣以上。元代青花具體表現了當時的繪畫觀念與繪寫技術，瓷器工匠利用鈷料，以水墨的方式來繪畫，事實上就是一種在瓷器質地上繪寫的水墨瓷畫。

（圖10）元青花龍紋獸耳蓋罐
（江西高安博物館藏）

為什麼元代青花瓷器之中，繪寫歷史故事的瓷器這麼少見，直到目前，仍然包圍著一團神秘的迷霧。根據學術界的論點，有人認為由於當時統治的蒙古人忌諱瓷器上繪寫漢人的歷史典故，有可能是伊斯蘭商人特別訂製。也有學者以為是當時的有心人士特別製作，以喚醒反元的民族情結也未可知。目前所發現的描繪歷史典故青花瓷，除了少數在中國境內墓葬或是窖藏之中發現之外，大多是外銷瓷，在中國國內所發現的傳世品相當少見。

元代的書畫作品，因為紙絹不容易保存，遺留下來的作品屈指可數，不如瓷器恆久。青花瓷上面的所繪的圖樣，往往是由當時的畫工模仿當時名家的畫風，我們可以清楚地看到當時的繪畫概念，是如何運用筆墨，是如何構圖，也補足了元代美術史這一區塊的不足。將青花瓷上面的圖繪與當時繪畫的比對，可以見到許多異曲同工之處。

（圖 11）
元青花蒙恬將軍玉壺春瓶

七、青花瓷收藏熱潮下的贗品氾濫

青花瓷的優雅與美麗，不只是中國人喜歡收藏青花瓷，日本與歐美收藏家與公私立博物館也都積極收藏，使得其在國際藝術市場的價格扶搖而直上，如今已經形成居高不下的局面。因此，因應來自全球眾多的收藏需求，古代青花瓷尤其是元代青花瓷器的仿製品與贗品充斥市場（圖12、圖13），若要針對青花瓷進行收藏，必須注意到贗品氾濫的問題，積極學習鑑識的知識與技術。

青花瓷是物質文明與精神文明的結合，因此鑑識青花瓷，除了了解器型，掌握其歷史內涵與藝術風格之外，還得掌握當時的材料與工藝的技術，唯有全面去了解，才能真正掌握鑑識的要點。

本書除了會清楚說明青花瓷器的源流之外，更會針對古代的青花瓷器工藝技術，包括窯爐技術、裝燒技術、以及材料的等等問題，包括鈷料、瓷土的種類或特色，也包括了配釉工藝等技術。這些細節在每個時代、每個窯場都有其差異性，從這些差異性便可以了解其地域風格，並加以辨識出其時代風格。

（圖 12）現代元青花贗品

（圖 13）現代元青花贗品

第壹章　概說青花瓷

引言

青花瓷界定

青花瓷基本上必須具有三要素：一、以潔白瓷胎上敷透明釉，二、以鈷料藍彩繪製藍白圖案，以及三、釉下彩工藝。

「青花瓷」，顧名思義就是藍色花樣的瓷器，也就是藍彩的瓷器。在青花瓷的定義上，是使用含有氧化鈷的青料做為著色劑，在潔白的瓷胎上直接描繪圖案紋飾，再罩以透明釉，以約1300℃左右高溫，以高溫的還原焰方式，入窯一次燒成的釉下彩瓷，又名「釉下青花」。由於鈷料在瓷器上發色豔麗，藍色的花樣紋飾在白色瓷胎上形成藍白相間的視覺效果，故稱青花瓷，簡稱「青花」。

一九九八年，在印尼海域的一艘名為「黑石號」的沉船上，發現出迄今最早、最完整的青花瓷，可以初步證明唐朝已有青花瓷器的生產，考古學家也在河南的鞏縣窯場，發掘出青花瓷器的殘片標本，目前可以進一步確認它就是青花瓷器的發源地。可以知道，原始的青花瓷始於唐朝，在宋朝中斷，在元朝成熟，到清康熙達到顛峰。[1]

自古以來，中國瓷器在宋朝以前，除了唐三彩之外，都沒有發現藍彩瓷器，只有青、白、黑等色系，由鐵釉變化而成。鐵可以從黃、橘紅到褐色。青花的藍彩之所以珍貴，是因為只有含氧化鈷這一種礦石可以做為顏料，全世界的產地也相當有限，加上圖樣精美細緻，含藏著各個時空的文化與藝術的內涵，因此直至今日，藍彩瓷器都一直是一種高貴的瓷器品種。

唐朝的鈷料主要是靠進口，而宋朝已經開發出中國自己境內的鈷礦，如浙江、甘肅等地，因此宋青花的色澤基本上色澤偏灰，但數量極為稀少，因仍以官窯風格的青瓷為主流。而在北宋時期浙江的金沙塔塔基下挖出的青花瓷片，似可證實有宋青花的存在。元青花繪圖生動豐富，開啟了青花貿易的盛世，明永樂宣德時期青花與白瓷皆製作精美，而明晚期迄至清康熙時則發展出五彩青花。

目前中國出土的古瓷器物，器物圖片不一定會公布，除非我們跑到當地拜託關係去取得資訊，圖片取樣對青花瓷的研究卻是至關重要，因此在本書中，筆者也會盡可能地提供各樣圖片，由於作者親自拍攝，部分畫質不佳。誠摯希望未來各界的研究者，都能慷慨提供更多豐富的資料。

1 黑石號沉船（印尼語：bangkai kapal BatuHitam），又名勿里洞沉船（印尼語：bangkai kapal Belitung）或唐代沉船（印尼語：bangkai kapal Tang），是一艘公元八三〇年左右行駛於中國至中東航線的阿拉伯帆船的遺骸。這艘船已經完成了從阿拉伯至中國的航程，返航中在距離今印度尼西亞勿里洞島近1.6公里處沉沒。沉船於一九九八年被發現，後於一九九八年和一九九九年由一家德國商業公司進行發掘，出水文物被新加坡政府購藏。

一、青花瓷的燒製

青花瓷有很多學者嘗試定義，在此列出中國的陶瓷權威學者馮先銘在《中國陶瓷》一書中，提出成熟青花瓷的「三要素」，基本上是廣被接受的：

（一）、潔白的瓷胎和純淨的透明釉。

（二）、運用鈷料生產藍色的圖案花紋。

（三）、熟練掌握釉下彩繪工藝技術。

總體看來，構成青花瓷器的條件，也可以說是四要素：

（一）、瓷土做胎。

（二）、鈷料上彩。

（三）、再施罩透明釉。

（四）、入窯攝氏 1300℃左右高溫燒製。

釉藥在火溫剛好時就能燒到透明、漂亮的程度。鈷料不能作釉上彩，因為釉上彩通常是低溫，而鈷料的藍彩必須要高達 1300℃左右燒成，所以必須是釉下彩。這也是青花瓷最基礎的判別條件。

青花瓷器的製作方式是在素胎上用鈷料顏料描繪之後，再施罩表面無色透明或淺色的釉藥，然後入窯以1300℃左右高溫，以還原焰方式，入窯一次燒製（圖1-1）。所謂的還原燒就是悶燒，裡面會形成奪氧的化學變化，讓鈷呈現藍色。一般的瓷器都是1200℃以上燒成，但是因為燒到1300℃左右鈷料才會呈現鮮藍色，太高會偏黑色，太低溫則偏綠、灰藍。可以說青花的鈷料並不太好控制。

雖然紋飾色調偏黑、偏綠都可以接受，但是從色彩的標準度與器形的完整，就可以分出上中下品，品質不佳或是太過殘缺的就會被敲碎，而這些在考古窯場的遺址遺留的許多殘片就是我們重要的參考依據。

（圖1-1）元代青花 - 美國紐約大都會博物館藏

唐代之時，青花瓷器雖然已經出現，其實只是萌芽階段，使用並不普及，現在存世的數量極少。唐三彩其實是綠、白、褐、黃、藍五色，藍色的部分即是含有鈷料，純粹是做為皇室貴族陪葬之用，雖然當時並不特別貴重，但一個墓葬中就有數十件數百件，也不是一般人負擔得起。之所以唐青花沒有外銷，是因為一來三彩屬於墓葬用品，是中國的傳統，二方面唐青花技術上還沒有成熟，鈷藍色調容易暈染。目前存於外國的唐代瓷器，多半是當時餽贈使節之用，屬於精品。

宋瓷的影青，看似近藍，其實是氧化鐵發色所呈現，而非鈷料。氧化、還原的顏色都不一樣，當窯爐處於還原氣氛之時，鐵元素的氧被奪走，成為氧化亞鐵，就轉為藍綠色。當供氧量充分，成為氧化鐵，則呈現黃、紅、褐等顏色。也因為鐵料的顏色看似青花，所以有些早期青花瓷器必須經過化驗才能更進一步確定是鐵礦還是青花的鈷料。

通常古法製瓷，入窯一燒，就要燒個兩天三夜以上，為了達到均勻的高溫，必須要工匠們不眠不休的照顧。在古時沒有溫度計，判斷全憑經驗，此外也有一些測溫的方法，例如所謂的「火照」，也就是一個有多個插孔的座子，上面插入數片瓷片「火照」，塗了鈷料與透明釉，瓷片上開有一小孔。到一個差不多的火溫，就用長柄鐵鉤子將瓷片勾出來觀看，若感覺火溫不足就加柴火，若看來已經成熟，就可停火。所以瓷器的燒窯技術相當重要，最後決定良莠的關鍵技術就在於燒窯工藝。

窯爐形制方面，北方的饅頭窯跟南方的龍窯差別就在於裝燒量，饅頭窯的火溫控制比較均勻，龍窯則容易有火溫不均的現象，但產量較大，良率較低。

青花成品的瓷胎底色必須是純白或粉白，紋樣顏色則可以有灰青、深藍、黑藍等色調；後期所使用含氧化鈷顏料的則呈亮藍色。有些青花瓷器在燒成之後的白、藍兩色之外，在釉上再加以五彩、琺瑯彩或描金裝飾，再入窯以低溫燒製，則形成所謂鬥彩、青花五彩或是青花金彩瓷器等不同風格的瓷器（圖1-2）。

（圖 1-2）明晚期龍鳳紋青花五彩盤（美國大都會博物館藏）

二、製作青花瓷的工序

古法製瓷的工序已經非常多，明代宋應星的《天工開物》就提到所謂「共計一坏之力，過手七十二，方克成器。其中微細節目，尚不能盡也」。共七十二道工序，其中還有很多細微處。青花瓷的工序相當複雜，每一道工序都極為考究。

基本上，可以分為以下五大步驟：

（一）、淘煉胎土

瓷器是用瓷土燒製成的，天然瓷土含有氧化矽、氧化鋁等，雜質較多，需要淘洗出大部分雜質，之後燒成的瓷器才會堅緻、細膩、白潤。要特別注意的是瓷土並非高嶺土，高嶺土是江西景德鎮一帶發掘的瓷土。最遲到宋朝以後才研發出配土的技術，元青花已經是配方土，但是因為高嶺土未經精選，所以質地較為粗疏，不如明清瓷器那般細膩。高嶺土的氧化鋁含量比較高，但它無法獨立做成器物，因為它耐火度高。所以必須加入一般瓷土，如此一來不但氧化鋁提升，土質較白，也耐火，燒大件成品較不容易變形。所謂的青瓷，一般所謂官窯，也全是以瓷土做坯。最好的瓷土產區，通常都是著名窯場的地點。

（二）、製坯

淘洗好的瓷土製成各種器形晾乾的過程。

（三）、素燒

將坯體在窯爐之中，以約 800℃到 1000℃上下的溫度燒成素坯。

（四）、繪畫

在素坯器表先用青花料（鈷料）繪製圖案。有些在拉坯之後乾燥之後的坯體作畫，也有在經過火燒之後的素坯上作畫。

（五）、罩釉

把已經畫好紋飾的瓷胚外面罩上一層釉水，一般有蕩釉、刷釉、浸釉、吹釉、噴釉等方法。

（六）、燒製

將罩釉之後的瓷胚經高溫燒製，以約 1300℃的高溫還原焰一次燒成，釉下的青花料就會呈現出美麗的藍色。如果青花料外面不罩釉，燒成後瓷器表面的紋飾會呈現出棕色而不是藍色。

青花瓷的鈷料著色力強，發色鮮豔，彩繪在釉中不易磨損模糊，加上白底藍花，給人一種特殊的素雅而活潑生動的美感，其中暈染的效果，更兼具中國傳統水墨畫的情趣，使青花瓷器深受人們所喜愛。

氧化鈷在陶瓷工藝的應用的歷史相當悠久，以氧化鈷的顏料繪製的青花瓷，經焙燒後呈現了鮮豔的藍色調，具有豐富的藝術性與視覺效果。整體來看，鈷料的好壞與運用是決定青花瓷優劣的核心條件。

一七三五年，瑞典化學家布蘭特（Georg Brandt）首次從銅（copper）之中分離出純粹的「鈷」，發現了這項新的金屬。直到一七八〇年，才被伯格曼（Torbern Bergman）將它確定為一種新的元素。

鈷礦物的應用有著悠久的歷史，已經六百多年。它的原礦是暗銀色，但一旦和其他元素融合，就會呈現出深邃漂亮的亮藍。這是一種相對稀少的元素，只能在地底下採出。因為和其他的金屬元素如銅、鐵共生，而同時被開採出來。鈷礦常常和砷共存，因此當鈷礦遇熱時，釋出的砷毒氣會殺死礦工，即便他們快速逃出，也會得病數周，永久地危害健康。因此礦工相當畏懼此礦物，而將它命名為德文的kobold，再更名為鈷（cobalt）。

三、自然界的鈷礦類型

全世界的鈷礦約有一百多種，可以分成三大類：即硫化物、砷化物和氧化物。鈷礦中伴生的主要金屬元素有鐵、鎳、銅、錳，有的含有銻、鉍和銀等。鈷除礦床外，大量分散在矽卡岩型鐵礦、各種類型銅礦、沉積鈷錳礦、硫化銅鎳礦、矽酸鎳礦等礦床中。

自然界中含鈷的礦物資源並不很多，但是它們的分佈範圍卻很廣，在世界各地的大部分地區都可找到。自然界中的鈷礦極少有單獨存在的現象，多數是從銅礦、鎳礦、鐵礦或銀礦的開採中得到的副產品，一般都與別的礦物共生，最常見的共生礦物有錳、鐵、銅、砷、鎳、鋅等（圖1-3）。

天然的含鈷礦物有許多種類型，單獨鈷礦床一般分為砷化鈷礦床、硫化鈷礦床和鈷土礦礦床三類，它們是含鈷的矽酸鹽岩石因長期風化作用而形成的產物，由氧化錳和氧化鈷以及其他雜質所組成的混合物。

（圖 1-3）自然界原生鈷礦

四、西亞應用鈷藍料的歷史

在埃及和西亞地區，鈷藍的應用歷史很早，而且很普遍。埃及在西元前十五到十四世紀製造的玻璃香料瓶與釉陶器就已用鈷藍作為著色劑。紀元前埃及人就曾使用鈷藍作為陶瓷製品的著色劑（圖1-4，圖1-5），此外，伊拉克、敘利亞等地在西元九到十四世紀製造的陶器釉，很多都用鈷藍著色，這類出土物在當地發現不少，說明鈷藍在當地應用的普遍性。中國從七世紀建國的唐朝開始，也在陶瓷生產中廣泛應用鈷的化合物做為著色劑，生產唐三彩與唐青花（圖1-6，圖1-7）。

（圖 1-4）埃及藍釉陶器
約 1400-1390 B.C.（出土於埃及帝王谷的 Tomb of King Thutmose IV）

在伊斯蘭的信仰，並不崇拜偶像。他們認為神（阿拉，al-il h，真主之意）就存在天地之間，特別是天空；因此他們的膜拜是對天地宇宙的敬禮。他們不相信天上的事物能夠用「形像」來表示，也因此在伊斯蘭藝術中通常是以幾何邏輯、花草的形象來做設計，而很少見人物、天使、動物的造型。[2]

也因青金石的顏色正如藍天，被古代許多民族當做通天法器，一般常用青金石來進行祭祀、祈禱之用，甚至死後配在墓主人身上，以求升天。

中東的皇家陵墓中曾出土過鑲嵌有青金石的短劍、青金石製作的碗以及護身符、念珠等飾物；古埃及新王國時期第十八王朝的法老圖坦卡門（Tutankhamun，BC 一三三四 – 一三二三），在其死後墓葬中佩戴的黃金面具上就是用青金石製成法老王的眉毛。

（圖 1-7）唐代青花寶珠頂蓋罐
（河南鄭州市出土）

（圖 1-5）埃及新王國時代藍釉陶器碗：1479-1400B.C，殘片：1539-1390 B.C.（美國布魯克林美術館藏）

（圖 1-6）唐三彩圓盒八世紀早期（美國大都會博物館藏）

[2] 編按：伊斯蘭教義禁止偶像崇拜的信仰，嚴格反對活物、特別是人類的畫像。出於穆罕默德言行錄（聖訓，Hadith）：「無論是誰製造了這幅像，都是冒著生命危險，會受到阿拉的懲罰，且會永遠無法再這麼做。」因此保守的穆斯林信仰者卻認為這類繪畫具有侮辱性質，不論是阿拉、穆罕默德，或其它先知，都不能以任何繪畫形式被描繪，認為繪像會成為人們膜拜的對象，損害了真神的獨特性、神聖性。因此在清真寺只有寬闊的空間而絕無神像的出現。特別是基本教義派的遜尼派，對於人像畫的反感最為激烈。

西亞地區的文化傳統對於青金石的崇尚，有著悠久的歷史，今天伊朗和兩河流域的古代西亞人出於對青金石的喜愛，在西亞地區，很早就出現了模仿其深藍色澤的人工製品，如藍色玻璃珠，就成為這種青金石寶石的替代品，取代青金石，出現於首飾、權杖頭上面。

青金石深藍色的礦石在西亞地區的地位，正類似玉石在古代中國的地位。因此鈷藍釉料被廣泛地運用在模仿青金石色彩的西亞手工製品上，主要還有釉面磚、玻璃、陶器等等。

在西亞、埃及和地中海東岸地區，以鈷作為藍色呈色劑在西元前二〇〇〇年左右就出現了。與西亞地區比較起來，中國器物對鈷料的運用出現得比較晚，在十四世紀以前對於鈷藍的運用也缺乏普遍性與延續性。

早期蘇美爾人在兩河流域建立的王朝「烏爾第三王朝」，是西亞的早期文明之一。從其皇室墓地與其所崇奉的「月亮女神」的獻祭墓地中，都發現了大量青金石製品的運用。這些青金石既被用於各神器上的鑲嵌裝飾，也被用於各種日常的裝飾構件，還被製成護身符、印章、各種首飾，以及服裝上的綴飾。

在約西元前二六〇〇年的烏爾女王墓室中，曾經出土了一架豎琴。在琴的底架上，鑲嵌著由青金石、貝殼和紅色石灰石所組成的馬賽克圖案，豎琴一端的牛頭上，以青金石裝飾，除了牛的眼睛之外，其毛髮、鬍鬚都是以青金石裝飾。

青金石還廣泛地應用在西亞地區皇室貴族的首飾製作，如別針、外衣綴飾、項鍊等等。除此之外，青金石製作的滾筒形和片狀印章，在西元前二五〇〇－二〇〇〇年的烏爾王國墓地中也有出土。深藍色的裝飾歷來受到當地上層王室與宗教階層的追捧，這類鈷藍（cobalt blue）色彩的裝飾風格，被稱做「帝王藍」（King's blue）。

五、古西亞藍釉工藝品

古代西亞對於青金石的崇尚，還體現在釉面磚、玻璃器皿和陶瓷器皿等等的生產上。藍色釉面磚不論是神廟建築還是宮殿建築上都有發現。西元七世紀伊斯蘭教興起以後，釉面磚在清真寺大量使用，而古代兩河流域承繼對藍色的崇仰，成為清真寺釉面磚裝飾上的主色。除此之外，清真寺的器物，如玻璃或陶瓷吊燈，也以藍色作為裝飾。這種情況，與中國古代因為崇尚玉器，而在瓷器釉色（如青瓷）上模仿玉器色澤是一致的道理。

至少在七世紀以後，藍色已經被伊斯蘭教徒視為尊貴的顏色，從現存的各種《古蘭經》寫本上也可以看出，藍色是除了金色以外的主要色調，古蘭經上藍色的大量運用，也是繼承西亞地區「尚藍」的古老傳統。

玻璃的製作技術發明於西元前十六－十五世紀，敘利亞、埃及、波斯等地相繼也成為製作玻璃的活躍地區。而類似青金石的藍色成為玻璃製品的主要色調之一。

在兩河流域的古亞述王國都城尼尼微（Nineveh）曾出土了西元前 900-612 年的藍色玻璃頭權杖，充分表明出藍色在此被賦予的神聖意義。[3]

歐洲玻璃器以鈷作為呈色劑，生產時間約為西元一世紀。鈷藍在玻璃器上除了用作主色外，也常被用於透明玻璃器上的彩色斑點或線條裝飾。伴隨著歷史的進程，絲綢之路的開拓使得東西方開始交流，來自西亞的玻璃器隨之進入中國。但是玻璃在中國歷朝歷代始終沒有成為中國器用的主流，在清代中葉以前，玻璃（中國古代或稱琉璃）對中國而言一直是稀罕的物品，都是由外國納貢、進獻或中外貿易而進口。西安附近的法門寺地宮所出土的玻璃器，應該就是經由絲綢之路而來的物品（圖1-8）。

在陶瓷工藝上，九世紀以前的西亞地區只能生產比較粗糙的陶器。類似鈷藍玻璃器皿上的藍色，在西亞陶器上也常常能夠見到。至九世紀，在西亞出現目前所見最早的白底藍花陶瓷，以白色為底色，以鈷料描繪藍色圖案。而類似九世紀出現的白底藍花裝飾手法，在十三世紀末以前的西亞陶瓷裝飾中依然能持續發現。究其原因，仍然與古代西亞人對藍色的崇尚有著密切關係。

[3] 位於底格里斯河東岸，今之伊拉克北部城市摩蘇爾附近。

（圖1-8）伊斯蘭刻花描金盤（扶風法門寺地宮出土）

六、中國對於鈷藍料的運用

唐代以前，類似鈷藍的深藍色在中國工藝美術品中很少出現。如果從史前原始彩陶、商周青銅器、玉器到漢代彩繪陶、魏晉南北朝的青瓷與白瓷等，基本未見深藍色的蹤影。雖然從史前綠松石器物與二里頭到戰國時期的一些青銅器上出現過綠松石鑲嵌，但綠松石之天藍異於青金石之深藍（圖1-9、圖1-10）。從考古出土發現中，唯有戰國時期少量琉璃釉器物、玻璃珠（琉璃珠）和小件玻璃器呈現出那種深邃的藍色（圖1-11）。過去，許多人都認為鈷藍最早在中國得到應用的例子是唐青花和唐三彩藍釉。

（圖 1-9）1984 年河南偃師二里頭出土夏代二里頭文化 綠松石鑲嵌獸面紋青銅飾牌（河南博物院藏）

（圖 1-10）史前綠松石項飾
（攝於北京大學賽克勒考古藝術博物館）

（圖 1-11）戰國早期琉璃釉盤蛇玲瓏球形器（無錫市錫山區鴻山 DIV 出土，攝於南京博物院）

近年來的考古發掘證明，春秋戰國時期（西元前七七〇－二二一年），在湖南長沙戰國墓的出土物中就有採用鈷著色的藍色琉璃珠（圖1-12），是在中國境內所見最早的工藝鈷藍製品。科學儀器的分析結果說明，戰國藍色琉璃珠在化學組成上屬於鉛鋇矽酸鹽（$PbO-BaO-SiO_2$）系統，所用的著色劑為低錳型鈷藍，同西亞地區出土的琉璃珠和陶瓷釉上的鈷藍屬於同一類型，說明它可能是中國工匠運用進口鈷料的產品。研究結果顯示，可能早在春秋戰國時期，鈷藍料就已從西亞地區傳入中國，當時可能通過中國西部邊境地區的以物易物的方式輸入。

也有學者認為，戰國琉璃珠很有可能就是經由外交與貿易途徑進入中國，他們來自西亞，而非本土所產。原因在於玻璃技術在西亞和地中海一帶很早就發展起來，類似的藍色玻璃器也是其傳統產品；而在戰國以前，在中國本土尚未見到這類器物生產與使用的痕跡，出現如此成熟的玻璃製品，很有可能是外來的，而非本土產品。除此之外，也有部分學者主張有可能是本土工匠接受外來技術指導模仿外來工藝品所生產，或是外來工匠來中國所生產，但是整體來看，也都是屬於受到外來影響的結果。

（圖 1-12）三十眼琉璃珠 1990 年長沙市瀏城橋 M2 出土（長沙市博物館藏）

第貳章　唐代青花瓷的考古與發現

引言

唐代時期中國與西亞地區的交往頻繁，東西絲綢之路暢通，許多波斯商人不遠千里而來到中國進行貿易，根據學者的推論，當時唐青花和唐三彩所用的的鈷藍料，有許多應該是通過絲綢之路從西亞地區輸入。

中國對於鈷藍的應用到宋代還不是很普遍，目前所見到的宋代青花瓷非常稀少，一直到元代以後，鈷藍才開始普遍地應用於中國陶瓷的釉彩上，到了元代中期以後，逐漸出現了成熟的青花瓷器，成為外銷的主流產品，行銷歐洲、中亞與周邊諸國。在明清時期，青花瓷器的生產，不論在數量和質量上都進入了黃金時代。

根據考古資料，從唐代長沙銅官窯創造釉下彩技術後，宋代磁州窯等曾經繼承發展了釉下彩的繪寫技術，加上唐三彩釉陶對鈷礦顏料呈現藍色的使用經驗，才逐漸匯聚人才並累積知識而形成青花瓷技術。

鈷藍應用於中國陶瓷釉彩的最早例子，依據目前的考古發現，是唐三彩上的藍釉和唐青花。根據考古發掘資料顯示，唐青花出土數量不多，唐三彩出土較多，三彩陶俑之中有藍釉的物件也比較少。

根據這些情況推論，唐代時期鈷藍在陶瓷釉彩中的應用還屬於萌芽階段，當時國產鈷土礦可能還未發現，所用的鈷藍一般都仰賴進口，由於得之不易，因此比較珍貴，不可能大量應用。

一、唐三彩與唐青花的區別

唐代由於東西貿易交流的空前繁榮，鈷藍得以從西亞引進，這種美麗而深沉的色彩深受思想開放的唐人所喜愛。在唐三彩上，就可以看到以這種貴重色料裝飾的物件。

唐三彩上鈷藍的運用，無論在裝飾方式還是審美情趣上，都與「唐青花」有差異。唐三彩的裝飾手法十分多樣，有通體施釉、點彩、灑釉、澆釉，也有在器物印花、貼花圖案，也有的是模仿唐代絲織品中的蠟染工藝。鈷藍在唐三彩上和其他釉色一起潑灑，一起流動，形成恣意流淌、瀟灑淋漓的圖案效果（圖2-1）。

（圖2-1）
七世紀晚期唐三彩水注
（美國大都會博物館藏）

與唐三彩的多彩與色彩斑斕比較，唐青花的製作風格不論在色彩上還是裝飾手法上，都比唐三彩顯得單純，以白胎為底色，以鈷藍線條勾勒圖案。唐青花的紋飾表現出精確、簡約與樸素的特點。

目前唐青花在中國出土不多，集中於揚州唐城遺址和河南的鞏縣窯。流傳存世的唐青花器，全球僅存不到十件，由於知識的普及，一些隱藏在民間的唐青花也在被陸續發現之中。除了香港大學馮平山博物館（現香港大學藝術博物館）的一件唐代三足器（圖2-2），上海博物館收藏的一件唐代藍彩三足爐，據學者認為可能與唐青花有關；另外，美國大都會美術館收藏了一件古代中東地區的青花碗（圖2-3），美國波士頓博物館收藏一件唐青花花卉紋碗，還有一件唐青花魚藻紋罐，現在收藏於丹麥的哥本哈根博物館（圖2-4）。另外還有在一九九八年從印尼伊斯蘭黑石號沉船中打撈上來的三件盤子。美國大都會美術館還收藏一件唐代藍彩點褐彩花卉紋陶碗（圖2-5）。

（圖 2-2）藏於香港馮平山博物館的唐代白地藍斑三足爐

（圖 2-3）
約九世紀時期中東地區青花碗，伊拉克，Abbasid period（750-1258）
（美國大都會博物館藏）

（圖 2-4）唐代白釉藍彩魚紋罐（丹麥哥本哈根博物館藏）

（圖 2-5）唐代藍彩點褐彩陶碗（美國大都會博物館藏）

二、唐青花實物證據的出土現況

（一）、一九七五年在江蘇揚州唐城遺址首次發現一塊菱形朵花圖案裝飾的釉下青花瓷枕殘片（圖2-6）。

（二）、一九八三年在揚州市文昌閣附近工地採集到中、晚唐時期燒造的釉下青花瓷片（圖2-7）。

（三）、一九九〇年在揚州文化宮唐代遺址採集到十四塊唐代青花瓷片（圖2-8）。

（圖 2-6）揚州出土瓷枕殘片

（圖 2-7）1983 年揚州出土唐代青花瓷片

（圖 2-8）1990 年揚州出土青花瓷片

有關專家在對一九七五年揚州唐城遺址發現的唐代釉下彩瓷枕殘片、在揚州文昌閣採集的唐青花瓷片，和一九九〇年在揚州文化宮唐代遺址發掘時所出土的十四塊青花瓷片，進行了胎、釉、顏料的組成以及結構的分析之後，發現它們的胎釉組成很接近，工藝技術也十分相似，同時與隋唐時期鞏縣所生產的高鋁低矽以及含有一定量鉀和鈦的白瓷的胎釉對比之後，確認了唐代的青花生產窯口是河南的鞏縣窯（圖2-9，圖2-10，圖2-11）。

（圖 2-9）揚州出土之青花殘片

（圖 2-10）揚州出土青花殘片

（圖 2-11）揚州出的土青花殘片

（四）、二〇〇〇年至二〇〇四年，這四年期間，在河南鞏縣的黃冶窯窯址，挖掘出土五到六片唐青花瓷片，二〇〇七年至二〇〇八年在河南鞏義白河窯窯址，也出土了一些唐青花瓷片。

（五）、二〇〇二年，在揚州古城出土了一件花卉紋殘執壺，高 16.5 釐米，造型、青料和紋樣都具有典型的唐代特徵。頸部粗短，長圓腹，圓管形短流，青料發色豔藍，特別是腹部紋樣的菱形花葉紋（圖 2-12）。

（六）、二〇〇二年到二〇〇三年，河南省文物考古研究所在河南省鞏義市唐三彩窯址的考古發掘中，曾發現了唐青花瓷的實物標本（圖 2-13）。

（七）、二〇〇三年，考古工作者在河南鞏義市黃冶村大片耕地和民宅下發現唐代的青花瓷片和接近青花的藍彩白瓷。

（八）、二〇〇三年，在北京南城區一處工地發現了唐代的青花藍彩瓷片（圖 2-14）。

（九）、二〇〇五年開始至二〇〇八年，中國文物考古部門對河南鞏義黃冶唐三彩窯址的搶救性考古發掘，發掘數座唐代窯爐遺址，還有唐青花瓷片，可看出的器型有圈足碗、葵口碗、套盒與枕。該窯址地層堆積豐厚，發現了唐代的青花瓷片及藍彩白瓷。許多專家推測，這裡可能就是唐代青花瓷器的發源地。

（十）、二〇〇六年，中國文物考古部門對位於河南鄭州市上街區峽窩鎮以西四公里的一塊耕地中的墓葬區進行考古挖掘。該地在漢、晉時期屬於河南郡，唐代時期屬河南府，其周邊地帶曾發現大批古墓葬。此次共發掘古墓葬二十五座，其中晉墓十座、唐墓三座。而這兩件唐青花瓷罐出土同一墓室之中，墓葬地點距離鞏義黃冶窯址僅十九公里。

(圖 2-13)河南省鞏義黃冶窯出土
(鄭州民間私人收藏)

(圖 2-12)
揚州老城區出土(揚州文管會藏)

(圖 2-14)北京南城工地出土藍彩殘片

鄭州市出土這兩件唐代青花塔形罐，由蓋、罐、底座三部分組成，白瓷胎。器蓋呈塔剎狀，剎座為一覆碟剎身。一罐身飾「童子打曲棍球」、牡丹圖案（圖2-15）。另一罐上則飾有「萬字」等紋樣。罐身所繪「曲棍球」圖案引人注目，圖案中的人物叉腿而立，右腿微曲，左手揚彎形球杆，左側有一圓球，形象生動。

中國的「曲棍球」在唐代稱為「步打球」，比歐洲曲棍球的歷史要早得多。唐代女詩人魚玄機的《打球作》寫的即是描寫「步打球」的情況：「堅圓淨滑一星流，月杖爭敲未擬休。無滯礙時從撥弄，有遮攔處任鉤留。不辭宛轉長隨手，卻恐相將不到頭。畢竟入門應始了，願君爭取最前籌。」

（圖 2-15）2006 年鄭州市上街區峡窝镇西唐墓出土的兩件青花罐

三、「黑石號」的打撈傳奇

唐青花在海外的考古發現是一九九八至一九九九年，在印尼海域所發現的一艘沈船「黑石號」，一共打撈出五萬多件的唐代瓷器，有三件唐青花瓷器被打撈出水，這幾件唐青花瓷器還是完整的，製作工藝頗為精細（圖2-16，圖2-17，圖2-18）。[1]

一九九八年，德國打撈公司在印尼爪哇海峽「勿里洞島」水域發現了一艘沉沒的唐代船隻，沉船附近有一塊巨型黑礁石，這或許就是船隻沉沒的原因，因此該沉船被稱之為「黑石號」。沉船整體淹沒在海泥中，從而使許多瓷器免受海水侵蝕，保存狀況極佳。這些器物雖歷經千年，出水時依然色彩鮮豔，釉色光亮如新。這是中國青花走向世界的重要標誌，證明在唐代時期已經揭開了中國瓷器外銷的序幕。

在黑石號上發現了大批中國唐代瓷器、金銀器及銅鏡等各類文物，共六萬多件，其中瓷器占絕大多數，包括五六五〇〇多件長沙窯瓷器、三百多件邢窯白瓷、兩百餘件越窯青瓷、兩百多件白釉綠彩瓷器，此外還有三件完整的唐代青花瓷（圖2-19，圖2-20）。

（圖 2-16）黑石號出水的唐代青花

（圖 2-17）黑石號出水的唐代青花

（圖 2-18）1998 年印尼爪哇海峽勿里洞水域唐代沉船黑石號出水的青花瓷器

（圖 2-20）黑石號出水青花盤圈足

（圖 2-19）黑石號出水的青花盤

「黑石號」沉船是一艘以長沙窯瓷器為主要貨物的貿易商船，它是長沙窯瓷大量遠銷海外的明證。因為出水的長沙窯瓷碗上帶有唐代寶曆二年（西元八二六年）銘文，沉船的年代便能夠被大致確定，即是在西元九世紀上半葉。

長沙窯的器形上是以各式各樣的碗佔了絕大多數，約五萬多餘件，口徑有十四公分、十五公分及二十公分三種規格，口沿皆塗飾四塊對稱褐斑；其次有壺、罐、水盂、油盒、油燈、薰爐、碟、盤、杯以及動物瓷塑等。裝飾手法以彩繪和模印貼花為主，紋飾多樣，動物有獅、龍、飛鳥、摩羯等，植物有花草、瓜果等，亦有人物紋飾者，還有大量的抽象圖案（圖2-21，圖2-22）。

（圖 2-21）黑石號出水的長沙窯蓮花碗圈足

沈船器物上書寫詩文、題記也頗常見，有的還書寫阿拉伯文。這些圖案設計大多融合了中國本土、南亞及西亞的文化與宗教風格，深受阿拉伯世界人民的喜愛。

「黑石號」打撈上來的消息傳出後，從二〇〇二年開始，中國的幾家博物館曾先後向印尼提出了購買意向，當時印尼的開價高達四千萬美金，而且打撈方還提出必須整體購買的要求，中國博物館最終放棄。

新加坡聖淘沙公司於二〇〇五年籌資了三千兩百萬美元購得了這批貴重文物。據新加坡媒體報導，新加坡酒店業已故富商邱德拔的後人為此捐出鉅款，購得整批沈船的所有文物，目前為新加坡政府擁有。

唐青花的一系列考古發現，逐步解決了許多謎團，加上唐代青花產地的發現，貿易產品在東南亞海域中被打撈，使得第一次在揚州發現的許多唐青花標本，有了歷史的延續性。

1 在印度尼西亞蘇門答臘島和加裏曼丹島之間有一個美麗的海島，名叫勿裏洞島（Belitung Island），1998年，一群漁民入洞採集海參，而發掘出了陶罐。一家德國打撈公司聞訊前來，在水下十七米的位置，發現了一艘長二十二米、寬八米，滿載貨物的沉船，因為發現的位置位於「黑石礁」附近，因此命名為「黑石號」。

（圖 2-22）黑石號出水的長沙窯蓮花碗

四、從藍彩瓷過渡到元青花的唐青花

從目前看到的唐青花資料，學者推論唐青花可以視之為中國青花瓷器起源階段的特殊產品，不能用後來的元青花與明清青花瓷器的標準去衡量唐青花。唐青花與唐三彩中的藍彩在許多方面是相同的，最本質的區別是胎質，在於陶胎與瓷胎的不同。

唐三彩中帶藍彩的陶器和唐青花瓷器的區別不僅僅是胎質的區別，它們還有釉和燒成溫度等重要區別，唐三彩之所以與唐青花不同，除了外觀以外，在裝飾與工藝技術上也有著很大的區別。

唐三彩是「低溫鉛釉」，唐青花則是「高溫鈣釉」，唐三彩陶器的燒成溫度較低，而唐青花必須在攝氏一千兩百度以上的高溫還原氣氛之中燒成。

除了胎質之外，兩者釉色看起來差別不大，而其彩料也似乎沒有大的區別，其中原因在於唐代的鞏縣窯既生產三彩色釉陶器，又製作白釉瓷器，兩者兼而有之，此種得天獨厚的條件，使其可以創燒出唐代青花的新品種。除此之外，可能國外有這樣的需求，如伊斯蘭地區需要來自於中國的藍彩瓷器，陶瓷外銷的需求與訂單使得唐青花應運而生。

至於宋代是否繼續延續唐代青花瓷的技術，目前限於出土資料太少，還無法進行深入的分析研究。中國古陶瓷學者馮先銘在《古陶瓷鑒真》和《中國陶瓷》中說：「自唐代（鞏縣窯）出現青花以來，到元代青花有了很大的發展。按一般規律，宋代應該是青花瓷器繼續發展的時期，遺憾的是，目前發現的青花資料很少。」（圖2-23）

在浙江地區所發現的宋代青花瓷器上所使用的鈷料，經上海矽酸鹽研究所測試，證實與浙江江山縣鈷土礦接近，因此可初步證明宋代的青花瓷的鈷礦為中國本地所生產。宋代青花瓷發現稀少的原因，一方面可能與鈷料的來源有關係。宋代文人掌權，重視文化與民生，對於興起戰事盡量避免，對外態度偏向柔弱外交，以和談與訂定互不侵犯盟約為主。唐末藩鎮割據，四方夷人，特別是西北地區的回鶻人、沙陀人、黨項人相繼而起。經五代動亂之後，宋朝建立了新的統一政權。但是由於重文政策及先南後北的軍事政策，一直無法對西北外族加以控制。黨項人李元昊更建立西夏國與宋室互相競逐，往西域的陸路交通斷絕。從西方進口的鈷料無法順利進入中原地區，這可能使得在唐代萌芽的青花瓷無法在宋代繼續發展。

另一方面，在於宋代審美偏向文人品味，崇尚清雅、簡約，不喜過多華麗的裝飾，加上北宋徽宗皇帝崇尚如玉一般溫潤的釉色，以汝窯青瓷做為宮廷用器，上行而下效，使得單色釉盛行於兩宋，導致以繪寫紋樣為主的青花瓷器未見繼續發展。

（圖 2-23）
河南鞏義市黃冶窯所出土的唐代藍彩瓷器。

五、唐青花鈷料來自波斯地區

關於唐青花鈷料的來源，目前其實有兩種不同的觀點，「國外來源說」和「國內來源說」。

英國學者曾對鞏縣唐三彩中的藍釉進行了科學測試，提出唐代鈷料是來自波斯的觀點。一九七七年英國牛津大學考古研究實驗室曾經對香港大學馮平山博物館保存的唐青花進行測試，發現其鈷料中含錳量極低。[2]

根據目前對唐青花瓷釉中色料成分與各地所產的各種鈷礦對比，部分學者推斷唐青花瓷器所用色料有可能來自國外，像是南非、中亞，也有少部分學者主張可能來自中國境內的甘肅、廣西、河北等地。

唐青花上應用的或許是進口的青料，因為國內發現的瓷器中，從來沒有見過比唐代更早的含有氧化鈷的產品，而唐青花出現於一個與西亞世界貿易交往十分頻繁的時代，唐代青花瓷器的圖案，也充滿了異國情調。從黑石號打撈的唐青花瓷器，其上所繪寫的紋飾可以證明唐青花是一種與西亞貿易有著十分密切關係的產品。

有關專家曾對唐青花、唐三彩中的藍彩和藍釉進行過科學分析。一九九五年，中國科學院上海矽酸鹽研究所與中國社會科學院考古所聯合對揚州出土的唐青花瓷鈷料來源進行了專題研究。通過採用現代科學測試手段分別對唐青花的胎、釉和唐青花鈷料的釉區進行了深入仔細的研究分析。測試結果說明，唐代用鈷料的主要組成特徵是：低鐵、低錳、少量銅和微量硫為特徵，不含砷和鎳。

上海博物館科學實驗室研究員熊櫻菲，採用「能量失散X螢光分析」的方法，對唐三彩中藍釉陶器和唐青花標本進行分析後認為：「從目前資料分析，唐三彩藍釉所用鈷料特徵與唐青花相似」。

從分析的標本來看，唐鞏縣窯三彩藍釉和唐青花瓷的元素分析資料有的較接近，有的差距較大，但實際上還是能夠看出它們的密切關係。對於唐三彩藍彩釉陶器和唐青花彩料的關係問題，筆者認為我們還必須比對國外出土的埃及與伊斯蘭藍彩陶器。依據目前資料推論，唐青花瓷器的燒造，應是接受了國外釉下鈷藍陶器的影響。

上海博物館熊櫻菲曾經也以科學檢測方式比較了伊拉克藍彩釉陶與唐青花中的鈷料成分後，認為：「九世紀阿巴斯藍彩釉陶使用的鈷礦料中的鐵含量較高，並且存在一定量的特徵元素鋅。唐青花相對高鈷、低鐵（FeO/CoO 比低於阿巴斯藍彩），並不含元素鋅。阿巴斯藍彩釉陶採用傳統的鹼石灰釉，胎為石灰質黏土胎，部分樣品的釉中含錫氧化物，與我國唐青花的鈣釉有本質區別。」這說明了伊拉克藍彩釉陶與唐青花瓷器之間有較大的距離，兩者可能沒有必然的聯繫。當然這只是針對伊拉克地區的產品，不代表所有中東地區的陶器。

[2] 一九二九年英國學者霍布遜（R. Hobson）首先提出中國在明朝以前存在著青花瓷的觀點。考古（352-357 期）（一九九七），科學出版社，頁七十七。

唐青花所用含原料是否與唐三彩藍色彩釉所用顏料屬同一類型礦物？

是大家所關注的問題。其中包括唐青花和唐三彩藍色彩釉的著色氧化物含量和 CuO/CoO，MnO/CoO 與 Fe_2O_3/CoO 的比值。通過這些結果的比較可知兩者所用鈷料均屬含一定量鐵和銅及低錳的礦物原料。同時通過 X－射線螢光分析和電子探針分析均測得唐青花顏料區中有硫存在。硫元素的存在表明了唐青花所用色料是一種含硫的硫鈷礦，其中一部分鈷為銅和鐵所置換。或是使用混有含鐵礦物的硫銅鈷礦。

透過科學分析，有部分學者認為唐青花色料使用中國境內含銅、鐵的鈷礦的可能性大於自中東地區進口的鈷料。

因為中國早在戰國時期已發展出煉銅的手工業，可以推理，在大量採集含銅礦物冶煉時，又發現了少量含鈷的共生礦，加以利用成為青花著色料是有其可能性的情況，而古代河南地區又是青銅器製造冶煉的主要地區。根據河南地區已經在漢代利用銅做為鉛釉的著色劑製成綠色彩釉的情況來看，而且與甘肅、河北地區也出產硫鈷礦，推論在唐代發現和利用鈷料為著色劑生產出青花瓷的可能性極高。

雖然目前也有部分專家認為：「通過唐青花釉中色料成分與各地所產各種類型的鈷礦對比，推斷唐青花所用色料有可能來自南非、中亞或甘肅、雲南或河北等地。」這樣的推論，從理論上闡述了唐青花鈷料在這些地區存在的可能性，但由於沒有較為明確的地點，所以它的產地依然是一團迷霧。

從唐青花樣本中測得含硫而無砷，說明唐青花鈷料是一種硫化物，而不是來自波斯地區的含砷鈷料。全世界鈷的硫化物礦有十餘種，而與唐青花鈷料組成特徵相近的只有兩種，即伴生少量的鐵、銅的硫鈷礦和方硫鈷礦（輝鈷礦）。根據地質礦產資料顯示，這兩種鈷礦是最具工業價值的鈷礦之一，每年全世界8%的鈷料產於南非的剛果和津巴不韋。中亞賽延—土瓦和烏拉爾地區也有少量輝鈷礦和硫鈷礦。

中國甘肅金昌市郊鈷的儲量居全國之首，其礦床屬於硫化物礦型。中國河北也發現了含鈷較高的硫化物礦床。

在唐代通過絲綢之路，中國與西方的貿易交流和文化交往比較頻繁，商人從南非、中亞獲得這類硫化鈷礦並將其帶到中國唐青花產地的可能性是有的（圖2-24）。

也有學者認為唐青花使用的鈷料，應該是就地取材生產於國內某一地方的鈷礦料。事實上，兩者均有其可能性。

關於唐青花瓷器所用的鈷藍彩料的青料來源，依然不十分清楚，究竟是進口還是國產或者兩者兼具，還需要進一步的證據與研究。從目前研究情況來看，要釐清唐青花的青料來源問題，還需要有更多的物證，並進行更精確的檢測、分析與研究。

（圖2-24）8世紀伊斯蘭藍花陶器（羅浮宮藏）

六、唐青花的審美品味與市場

鞏縣窯既生產唐三彩、又生產唐青花，然而依據目前出土資料顯示，青花很少在唐代貴族墓葬中與唐三彩一同出現，此一情況顯示，唐青花似乎尚未受到唐代貴族的青睞。

唐代貴族流行使用金銀器，除此之外，也將青瓷、白瓷作為日常器用。當時的越窯、長沙窯、婺州窯、洪州窯等諸多民間窯場所生產的青瓷、黑瓷與白瓷，也為日常生活提供了豐富的陶瓷產品，青花瓷器並非當時生活的主流用品。依據上述情況，我們可推測唐青花的市場在於兩方面：

（一）、其市場主體為西亞地區。鈷藍傳入中國後，雖被中國工匠創造性地運用在了唐三彩上並深受唐代貴族喜愛；然而裝飾單純的唐青花瓷器，則很可能主要是為西亞市場所生產。因為隨著伊斯蘭教在七世紀的興起，中國所新生產的鈷藍色瓷器可能開始受到伊斯蘭信仰的崇奉與重視。

（二）、可能為留居中國的伊斯蘭教徒所使用。唐代東西方交流頻繁，有大量來自西亞、中亞的穆斯林居住與生活於大唐疆域內，伊斯蘭教也正是在此時傳入中國，使得一些中土人士逐漸皈依伊斯蘭教。

北京故宮博物院王光堯博士，從史學考證的角度認為，「唐青花或青釉藍彩出現於鞏縣窯應該是西技東漸後唐青花發展演變軌跡」。從生產經營和對外貿易角度看，波斯或阿拉伯等伊斯蘭民族有尚藍習俗，美國大都會博物館就收藏一件伊朗地區生產的藍彩陶器（圖2-25）。

唐青花裝飾圖案中，繪有棕櫚形葉片等伊斯蘭民族喜愛的文化元素。唐代工匠利用青花鈷料資源，生產出口到波斯或阿拉伯地區的陶瓷製品。正如同唐代湖南長沙窯執壺上的貼塑中有「椰棗紋」、「胡人雜耍紋」圖案一樣，產品遠銷中東地區。

（圖 2-25）
伊朗或伊拉克地區所生產的藍彩釉陶器（美國大都會博物館藏）

七、唐青花的歷史與文化意義

唐代工匠運用鈷料裝飾唐三彩，有些以灑彩技法施上釉彩，有些則運用點彩技法，開始注重裝飾的藝術效果，部分以鈷料的點彩方式做出幾何形圖案或四點、五點、六點的梅花形圖案。

唐青花在鈷料裝飾上，則出現了重大的突破，從進行灑彩、點彩，到開始運用毛筆進行彩繪；裝飾圖案有菱形紋、花卉紋、卷雲紋、藤蔓紋，甚至還出現了畫「童子曲棍球圖」的罕見的人物圖案，唐青花的裝飾將唐代陶瓷裝飾從單色釉與潑灑、點彩等技法推展到具象的繪畫表現。

從文化交流的角度來看，唐青花是東西方文化交流的產物，以鈷料做為呈色劑，以毛筆作彩繪工具，把唐代的繪畫技藝運用於陶瓷的釉彩裝飾上，開創了中國古陶瓷裝飾藝術的先河，為元代成熟的青花瓷器的出現奠下了基礎，並在人類青花瓷發展史上展開劃時代的意義。

第參章　元青花的生產、材料與技術

引言

元青花傳世的成品稀少，但是以其裝飾性強烈，又為蒙古統治之下的產物，向來不為中國歷代的收藏家所重視，一直遲至一九五〇年代以後才由美國學者約翰．波普進行較為深入的研究，逐步發現它是中國青花瓷工藝技術的第一個高峰。典型的元代青花不僅器形碩大，紋飾華麗，而且存世的數量相當稀少。

一件名為「鬼谷子下山」的元代青花大罐在二〇〇五年七月十二日的倫敦佳士得拍賣會上，歐洲買家在與中國與台灣重量級的收藏家們激烈競標之下，以一千四百萬英鎊落槌，加上佣金之後的價格為1568.8萬英鎊，折合人民幣約2.3億，創下了當時中國藝術品在世界上的最高價，震驚了全世界。

一、二十世紀中期才被喚醒的元青花狂熱

一九五〇年代，美國學者約翰・波普（John Alexander Pope）無意間發現兩件製作精美的青花龍紋象耳瓶。這對花瓶被一位英國軍官捐贈給英國倫敦大衛德基金會東方藝術博物館（Percival David Foundation）收藏。

波普注意到這對瓶子非常精美，證明元青花已經可以燒出很高的水準，這表示前面還有一個摸索期、發展期，方到此一成熟期。而這對寺院祭祀用的青花瓷瓶身上還有落款，標明製作於至正十一年（一三五一年），可以當成一個定年的標準證據。

因此波普研究了土耳其伊斯坦堡的托普卡比皇宮博物館（Topkapi Palace Museum）和伊朗阿德比爾寺（Ardebil Shrine）的重要青花瓷收藏，並發表了他具有開創意義的研究成果：率先提出了紋飾精美的元代青花瓷最早出現於元代晚期（一三三〇—一三六八）的論點（圖3-1，3-2）。

在約翰・波普出版自己的研究成果時，世界對於元代青花的瞭解仍然處於懵懂階段，包括中國人自己都並不是很清楚，元代青花瓷器代表著中國陶瓷設計與工藝的高度成就。

（圖 3-1）
元代青花雲龍紋象耳瓶一對（英國大衛德基金會藏）

隨著西方與日本學者對於元代青花的學術研究熱潮，引發了西方與日本古董商、博物館與收藏家的高度興趣，嗅覺靈敏地率先四處搜尋元青花，使得國際藝術市場上元青花的價格迅速攀升。一九八〇年代到一九九〇年代，香港與臺灣的收藏家陸續加入收藏元青花的行列，使得元青花的國際拍賣行情最高價從百萬台幣一路走升到千萬元新台幣的水準。但直到二〇〇〇年以後，中國的經濟明顯大幅度崛起，中國大陸多金的富豪與收藏家才加入元青花的追逐，更使得元青花行情大幅度上揚到億元的水準。

二〇〇五年七月的英國佳士得公司倫敦拍賣會上，一件「鬼谷子下山」的元青花大罐以 2.3 億元人民幣的高價成交，創下了佳士得公司當時亞洲藝術品拍賣的最高成交紀錄（圖 3-3）

（圖 3-2）至正十一年款

（圖 3-3）元代「鬼谷子下山」青花圖罐

香港收藏家因為在當時受到英國統治的關係，接受了許多英國的資訊與影響，在元青花的研究與收藏上較早開始，像是敏求精舍、求知雅集等收藏家組織，其中天民樓所收藏的青花瓷器相當精采。臺灣學者與收藏家則遲在一九八〇年晚期左右才開始關注到元青花的研究，而中國的學者則要到一九九〇年代以後才逐步熱衷元青花的進一步研究。[1]

落後於先進國家的研究，使得中國境內的許多傳世甚至出土的元青花陸續流落國外。當二〇〇〇年以後，中國大陸民間藏家開始熱衷元青花的研究與收藏，在二〇〇四年，山東濟南的一家私人拍賣公司出資舉辦了一場元青花研討會，邀請國內外學者共聚一堂探討之外，更向全大陸徵集元青花進行展覽（圖3-4），事實顯示，所徵集到的數百件元青花，絕大多數都是仿品，真品的比例不到一成，而稱得上真品的又都是殘件（圖3-5，3-6）。

（圖 3-4）
2004 年在山東濟南舉辦的「首屆中國民間元青花研討會」

（圖 3-5）2004 年元青花研討會濟南展覽現場一隅

（圖 3-6）
「首屆元青花研討會」現場展品之一元青花仿品

相信這樣的結果，就像是向全球中國文物界宣告，中國境內並沒有像樣的元青花。因此隔年的二〇〇五年倫敦拍賣會，才激勵了歐洲古董商有恃無恐地砸下2.3億元人民幣，在臺灣與大陸買家競爭之下，以史無前例的高價搶標下「鬼谷子下山」元青花大罐。[2]

在文物市場的催化之下，元青花成為收藏時尚，吸引了愈來愈多的學者關注元青花的研究，近二、三十年來許多考古出土的新證據，也提供了新的資料與訊息，更由於科學方法與儀器檢測的介入研究，使得我們對於元青花的理解，日益精進，對於元青花的知識也愈來愈是深入而清晰。

從元青花備受忽略到受到眾人關注的過程，可以知道，許多元青花仿品應該是在一九六〇年代以後才逐漸少量出現，當時主要是應付歐美與日本的買家的需求而仿製，當時所仿製的元青花品質並不高，很容易辨識。一般而言，元青花贗品大量出現的時間應該是在一九八〇年代以後，一路呈現愈來愈多的趨勢，尤其是在二〇〇〇年以後，因為大陸藏家的需求旺盛，贗品數量更多，仿製的品質也愈來愈佳，愈來愈難以鑑識。

1 敏求精舍於一九六〇年組建，由胡仁牧，陳光甫等人發起，以「研究藝事，品鑒文物」作為敏求的宗旨。敏求的會友薈萃了香港收藏界的佼佼者，藏品不但等級高，影響大，如樂在軒，北山堂，萱暉堂的書畫；暫得樓，天民樓，關善明的陶瓷；還有徐氏基金會（徐展堂），麥雅理的收藏；以及攻玉山房的中國古代傢俱等等。

2 二〇〇四年筆者受到山東濟南的主辦單位邀請擔任顧問，並受邀親自出席此一展覽與研討會。

二、元青花與景德鎮

元代皇室與貴族承襲蒙古游牧民族的習慣，以使用金銀器皿為主，對於瓷器的需求不高。朝廷對於瓷器生產的重視，主要著眼於瓷器的龐大內銷市場與對外貿易，尤其是對外瓷器貿易的稅收，元代朝廷在國家稅收中增設「瓷課」，顯示陶瓷生產在社會經濟中的重要性。一二七七年在泉州、慶元（寧波）、上海、澉浦建立市舶司，後又增設廣州、溫州和杭州等處，加強對外貿易。

由於元帝國版圖廣大，橫跨歐亞地區，加上外交與貿易往來頻繁，中外文化與經濟的交流範圍空前擴大，文化交往更加頻繁，技術交流更加迅速。在陸路方面推廣驛站制度。在河運方面，修通杭州到大都的運河。在海運方面，元朝的船隻已經航行於印度洋各地，包括錫蘭（今斯里蘭卡）、印度、波斯灣和阿拉伯半島，甚至到達非洲的索馬里亞。

蒙古建國，重視實務，元代延續宋代手工業與國際貿易的發展，積極獎勵並保護手工業發展：官匠免除一切科差，技藝和地位可以世襲，鼓勵對外貿易。因此元帝國從一開始建國，就已經在景德鎮發展瓷器生產與貿易。

宋朝時景德鎮已經在製作高檔的影青瓷器，胎很薄，土很白，釉色是水藍色，因宋朝崇尚天青色。而在元朝征服金與南宋的戰爭之中，各地的瓷器工廠遭受到極大的破壞，導致製造水準下降，而戰事主要在北方，只有南方的江西景德鎮所遭受到的破壞較少，因此成為收容各地陶瓷工匠的最佳處所。而政策務實的元代朝廷，因為瓷器外銷可以賺取鉅大的財富，也就繼續承繼，並選定景德鎮為中心。

從元代建國開始，景德鎮仍是繼續燒製影青，但到了元代中期以後，逐漸有一些伊斯蘭商人來下訂單，景德鎮的工匠便開始燒製青花瓷；如前述著名的雲龍紋象耳瓶。元晚期以後，青花瓷器技術已經相當精良，但是元末的反元的革命戰爭層出不窮，瓷器生產受到影響，又逐漸沒落。

宋朝的西北方，由於外族佔據，交通要道難以通行，便發展東南方的海運，瓷器外銷主要走的是海運路線。元朝建立橫跨中原與西域的龐大帝國，打破了異族盤據的侷限，因為它的國力強盛，陸路與海路皆由其控制，因此吸引了不少中東皇室貴冑透過商人來景德鎮下訂單，照他們的需求設計瓷器器型與紋樣。

今日聲名遠播的土耳其伊斯坦堡的托普卡比皇宮博物館（Topkap Palace Museum）收藏了四十件元青花精品，其次則是伊朗德黑蘭的國家博物館，正是現存中國元青花傳世品最重要的兩處博物館。[3]

[3] 十六、七世紀，由突厥人所建立的奧圖曼帝國（Ottoman Turks）極盛時期曾橫跨歐亞非大陸，於一九二一年滅亡之後，其豐富的館藏才開放給外界參觀。

三、浮梁瓷局

元朝積極承繼了南宋的瓷器外銷，在至元十五年（一二七八年）設置了中國歷史上第一個中央政府管理瓷業的機構，在景德鎮正式設立「浮梁瓷局」，掌燒造瓷器，並漆造馬尾、棕藤笠帽等事。設置大使、副使各一員。在瓷局的掌管下創燒了樞府釉瓷、青花、釉裡紅、藍釉、藍地白花、孔雀藍釉瓷器等，從此景德鎮的地位更見提升。

浮梁瓷局實物的紋樣由元廷「將作院」提供，該院下屬機構分工極細，除有製造物品的專業司、局二十五所之外，還設有一職能特殊的「畫局」。該局不生產任何產品，其職能是為將作院下屬各專業司、局「描造諸色樣制」，其規模略大於瓷局。

古文獻顯示，元代除了設置浮梁瓷局之外，元建大都，也需要大量的琉璃構件，為此而在北京設立了專管燒製琉璃瓦的「琉璃窯務」的衙署，隸屬少府監，並派駐官員。《元史・百官志》載：「大都凡四窯場，秩從六品。提領、大使、副使各一員，領匠夫三百餘戶，營造素白琉璃瓦，隸少府監，至元十三年置，其屬三：南窯場……西窯場……琉璃局，大使、副使各一員，中統四年置」。從至元四年（一二六七年）開始在大都（北京）設置西窯場，一直到至元十三年共設置四個窯場。

北京西窯場附近地區盛產煤炭和製瓷原料「坩子土」。明《宛署雜記》載：「對子槐山在縣西五十裡，山產坩子土，堪燒琉璃」。對子槐山在琉璃渠村西，龍泉務村西南，兩村周邊盛產煤炭、坩子土，又臨近永定河，交通便利。龍泉務村村北即為遼代瓷窯遺址，經考古發掘證實，該窯場始燒於遼早期，即遼太宗耶律德光會同年間，停燒於金代晚期，其產品以白瓷為主，醬釉、黑釉、茶葉末釉次之，還兼燒三彩及琉璃製品。[4]

---

[4] 京西窯場的三彩及琉璃製品均為坩子土燒製，其原料淘洗精純，胎質堅硬細密，釉色純正，不施化妝土，除用鉛作助熔劑外，還發明了使用對人體無害的天然硼砂替代鉛作助熔劑，這一發明比外國的矽酸鹽琺瑯釉早了五百多年。

四、景德鎮製瓷條件得天獨厚

江西景德鎮地處江南丘陵地帶，全境地勢東北高，西南低。東北部山區：北面浮梁縣山區特色明顯，為皖南山地地形在景德鎮的延伸。西南部平原：南部樂平市大部分為鄱陽湖平原一部分，地勢平緩。景德鎮城區處於盆地之中，周邊森林林木資源豐富，木材和毛竹產量較大（圖3-7）。

其礦產除了瓷土之外，便是以高嶺土（Kaolin）蘊藏最為著名。[5]所謂「高嶺土」來自於浮梁縣鵝湖鎮高嶺村（景德鎮高嶺土集中產地）（圖3-8）。此外景德鎮樂平地區盛產煤炭，也是江西省的主要產煤區之一。[6]

(圖 3-7) 景德鎮古窯廠一隅

(圖 3-8) 高嶺土

5 瓷石經過粉碎之後也叫「瓷土」，是製作瓷器的最主要的原料，是一種由石英、絹雲母，並有包含長石，三氧化二鋁等的矽酸鹽岩石礦物。呈緻密塊狀，外觀為白色。現代考古證明，安徽繁昌縣的繁昌窯早在五代時期就已經使用了二元配方法（瓷石70%、90%，高嶺土10%、30%）應用至今。

就交通運輸而言，景德鎮處於江西省鄱陽湖流域，是長江流域的組成部分，水運運輸四通八達。主要河流昌江發源於安徽南部山區，大致呈東北西南的流向穿過景德鎮城區，全長約二二〇公里，在鄱陽縣注入鄱陽湖。由於水運發達，景德鎮所生產的瓷器順著昌江進入鄱陽湖，可以在接駁長江出海，運銷世界各地。

兼具瓷土、高嶺土、媒、柴火、河運各方面的優異條件於一身，使得景德鎮自古以來就是瓷器生產重鎮。景德鎮生產瓷器的歷史相當悠久，早在晚唐、五代時期，就已經具備相當規模。迄今發現的晚唐到五代窯址計有楊梅亭、石虎灣、黃泥頭、望石塢等地。所生產瓷器兼具南北特點，主要燒製「灰胎青瓷」和「白胎白瓷」兩類。青瓷有南方浙江越窯的特點，白瓷有北方河北邢窯的特點，可見當時景德鎮已經同時以青瓷與白瓷做為生產重心，逐漸打破了唐朝「南青北白」的格局。

宋代期間，景德鎮窯場開始向景德鎮市區集中，製瓷工藝水準大幅提高，根據《江西通志》記載：「宋景德中置鎮。始遣官製瓷貢京師，應官府之需，命陶工建年景德於器。於是天下咸稱景德鎮，而昌南之名遂微」。宋真宗開始在景德鎮設置稅收機構「監鎮」治理瓷器稅收業務，實行「官監民燒」的制度。

元代至元十五年（一二七八年）所設立的浮梁瓷局，著重在政府稅收收益，並不像明清景德鎮官窯廠在工藝技術和產品質量上具有領導的地位，宋到元時代，景德鎮雖為御用器供給場所之一，然御用器的燒造，除了官方所設置的官窯廠之外，仍然多仰賴其他各地民窯進貢或是「官搭民燒」的方式燒製（圖3-9）。

宋中期開始，因為國內外瓷器市場的擴大，民間獨立手工業的發展更為明顯，景德鎮瓷器反映出宋代瓷器商品生產的繁盛情況。

由於工藝技術的演進，元代景德鎮民窯瓷器品種更多，有青花瓷、卵白釉、釉裡紅、銅紅釉、藍釉等，甚至還有最初期的五彩瓷，然而，對後世影響最大和最具有藝術特色的瓷種，當推具有鮮豔藍彩圖樣的青花瓷。

（圖 3-9）景德鎮的陶瓷工藝仰賴眾多的瓷器工匠

五、元青花的材料與技術

元代景德鎮在瓷器的胎質有了新的發展，運用景德鎮所開採的瓷石和高嶺土，以二元配方技術製作胚土，提高了瓷器胎體的耐熱程度和瓷胎白度。[7]

瓷石是一種石質原料，由石英、絹雲母以及少量的長石、方解石等礦物組成，多呈灰白色或灰青色。瓷石經過粉碎、淘洗後製成的磚狀土塊，景德鎮俗稱為「白不（音dǔn）」（圖3-10）。[8]

7 高嶺土的開發和利用，為景德鎮制瓷業的快速發展奠定了堅實的基礎。隨著瓷胎最初的單料成瓷（使用瓷石一種原料製造瓷器）到後來的二元配方（使用瓷石和高嶺土兩種原料製造瓷器），促進了陶瓷工藝水準和製品質量的提高。一七一二年法國傳教士昂特雷柯萊曾向國外介紹過高嶺的瓷土，從此名聲遠揚。

8 「白不」具有一定的可塑性和乾燥強度，可以單獨成瓷，燒結後呈白色。景德鎮進坑、湖坑、牛角嶺、界田、壽溪塢、壽安等地自古以來均有盛產。

（圖 3-10）景德鎮瓷土「白不」（不發音「等」）（景德鎮三寶蓬村採集）

「不子」也叫「白不」（「不」讀音「d n」），景德鎮做陶瓷的基本原料，又習慣叫「釉果」，一種製釉用的瓷石。[9] 具有較瓷石稍低的熔融溫度和較好的透明度。景德鎮窯以釉果和釉灰配釉，又分為「頭灰」、「二灰」，為配製傳統石灰釉的主要原料，按照釉灰8%～25%，釉果75%～92%，視釉果的用量由多到少，透明程度逐漸增加。[10] 這種二元配方法使得元青花釉質更為純淨，更為透明，帶有一種釉面泛青而釉質渾厚的趣味。

在瓷器裝飾方面，遠從唐代長沙窯開始延續下來的傳統彩繪技術（圖3-11），再經過宋代磁州窯、宋代吉州窯彩繪技術的發展，為青花瓷的出現與發展提供了裝飾技藝上的條件（圖3-12，3-13）。

在青料方面，伊斯蘭地區的波斯和敘利亞商人自從漢代絲綢之路逐步開通以來，便陸續帶來外地的物質與文化觀念，唐代三彩器上面已經具備鈷藍發色的裝飾現象（圖3-14），應該是許多波斯商人所帶進中國的鈷礦顏料（青料），並應用在陶瓷生產上。許多外地商人更提供紋樣資料，甚至交付中國工匠已經設計好的紋樣與器樣圖稿訂製，要求中國工匠依樣繪圖與製作。並將景德鎮瓷器銷往廣大的世界市場。

景德鎮製作了大批的民窯青花外銷瓷，銷售對象主要是伊斯蘭國家與東亞地區國家，除此之外，也銷往日、韓與東南亞等地區。對於國內市場也生產過少數較為精美與特殊的器具，但是以貴族與富有階層為主，並未被一般民間普遍使用。做為國內使用的一般青花瓷器，生產量也不小，但是品質一般不高。

---

9 將釉石舂細淘淨之後，再加水製成土磚狀，俗稱「釉果」，在生產中按照一塊「不子」配多少釉灰來加工生產灰釉。

10 瓷器釉用原料。用石灰石與狼尾巴草（狼萁草）或鳳尾草層疊燒煉數次後，經陳腐而成。主要成分是碳酸鈣，另有石英、鉀、鈉等化合物。用人溲浸漬陳腐，使用時經過粉碎過篩、淘洗的第一次的為「頭灰」；再次淘洗的為「二灰」。把釉灰，釉果按照一定的比例配合就製成了傳統的石灰釉。

（圖 3-12）北宋磁州窯
（美國大都會博物館藏）

（圖 3-11）唐代藍彩點褐彩陶碗
（美國大都會博物館藏）

（圖 3-14）唐三彩三足爐（河南黃冶窯出土）

（圖 3-13）南宋到元代，梅月紋吉州窯
（美國大都會博物館藏）

（一）、元青花的胎土

審視歷年來景德鎮製瓷的胎土的瓷石原料的氧化鋁（Al_2O_3）含量，一般在於16%左右。根據研究人員將殘片送交儀器檢測結果顯示，元青花胎土之中所含的氧化鋁在19%～22%的殘片高達80.5%的比例，[11]中國的古陶瓷學者也以文獻與科學檢測方式證明元青花的胎泥之中的瓷土摻合使用了高嶺土，以二元配方的方式煉製了製瓷的胎泥原料。[12]「至遲在元泰定年間（十四世紀二〇年代），但不會早於元初……」，推測元代的高領土從景德鎮的麻倉地區取得。[13]

由於胎土配方以及窯爐技術的關係，也可能是品質檔次的區分的關係，現今留存的元青花的胎土品質並非完全一致，大致可以分為三個種類：

1、高品質的胎體：胎土潔白、細緻，鐵、猛等雜質所造成的班點較少。多用於大型物件，像是大盤、大碗、大罐等等，多使用進口的蘇麻離青所調配的青料，青花紋飾鮮豔，層次活潑，構圖複雜，用筆精緻，大多用於燒製給伊斯蘭地區皇室與貴族的物件（圖3-15）。

2、一般胎體：潔白度稍差，雜質稍多，多用於生產中小型的物件，玉壺春瓶、葫蘆瓶、蒜頭瓶、盤、匜、執壺等等（圖3-16）。

3、低品質胎體：胎土灰黃，胎質較為粗糙與乾澀，氣孔與孔隙度較大而明顯。一般生產小型的物件，像是小件的盤、碗、高足杯、罐類盒子等等，使用品質較差的青花料，青花紋飾呈現灰藍色調。用筆粗率，構圖較為簡單，大多見於國內的市場，以及銷往東南亞地區的物件（圖3-17）。

(圖 3-15) 元青花的細潤胎土

11 黃雲鵬、黃濱、黃青（二〇一七年），元青花探究與工藝再現，南昌：江西美術出版社，頁一二九。

12 周仁、李家治（一九六〇年），景德鎮歷代胎、釉和燒製工藝的研究，4（2），頁四九至六二。劉新園、白焜（一九八二年），高嶺土史考，中國陶瓷，第七期（增刊），頁一四一至一七〇。

13 景德鎮一般稱之為「麻倉土」、由於十四世紀以後為皇家壟斷，又稱之為「御土」、「官土」。

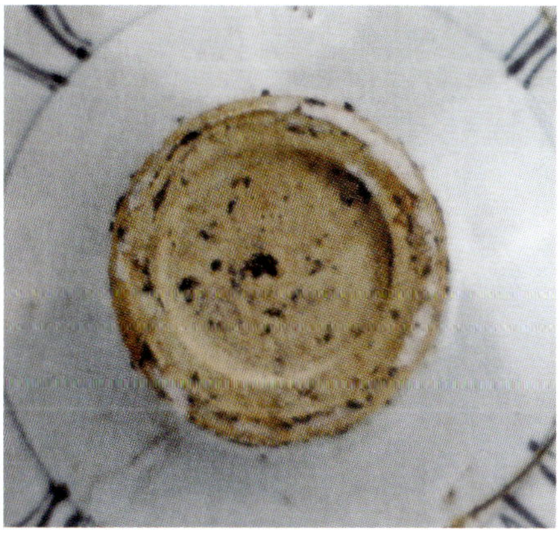

(圖 3-17) 元青花較為粗糙的胎土。

(圖 3-16) 元青花一般的胎土。

（二）、元青花的釉

元青花的釉是在影青釉的基礎之上發展再改進出來的。元代影青釉屬於高石灰鈣釉，氧化鈣含量在12%之上。根據儀器檢測分析樣本的結果顯示，元青花的釉所含的氧化鈣，多在6%～7%左右，也有少數是在8%～10%之間，是一種鈣－鹼性釉。在還原焰的燒製之下，透明度與光澤度好，釉色白裡泛青（圖3-18）。

一般製作釉漿，以釉果（「白不」細泥）加入釉灰而成釉水。清代蔣祈《陶記》記載：「攸（游）山、山（仙）槎灰之製釉者取之，而製之之法，則石堊煉灰，雜以槎葉、木柹，火而毀之，必劑以嶺背釉泥而後可用」。[14] 明代宋應星所寫的《天工開物》也記載：「凡饒鎮白瓷釉，用小港嘴泥漿和桃竹葉灰調成」。元青花所使用的釉灰，是以景德鎮附近小山村裡面所生產的釉灰為主。釉灰的產生，是將一層熟石灰，疊壓在槎葉、木柹或是桃葉或是竹葉或是狼萁草之上，[15] 相互堆疊多層之後，以暗火燒練成灰白色的灰，再將此灰與狼萁草等用前述方法堆疊煨燒，連續三次極成釉灰。[16] 釉灰用水淘洗，沈澱在上層的即是為「頭灰」，用作粗瓷釉。

沉澱的粗渣曬乾之後，依據古法，還得以人尿（人溲）浸潤陳腐一到兩個月，再次舂細曬乾，即成所謂「二灰」，用作細瓷配釉。

以製作完成的釉果（「白不」細泥），加入釉灰而成釉水，以浸釉或是盪釉等等方式，施用在胚體表面，經過窯爐火燒之後成瓷。

（三）、元青花鈷料

元青花的鈷料先後經過許多學術單位以科學儀器的檢測，發現是屬於高鐵低錳的鈷料，其中並且含有一定微量的砷元素。而國外的鈷礦的成分之中，大多含有砷的元素。因此，大多數的學者認為元青花的鈷料並非提煉自中國大陸所生產的鈷礦，而是來自於中東地區，像是伊朗地區。其在瓷器上的發色鮮豔，流動性與暈染效果較強，而且常出現黑藍色的色調（陳堯成等著〈歷代青花瓷器和青花色料的研究〉，《矽酸鹽學報》第6卷，一九七八年）（圖3-19）。

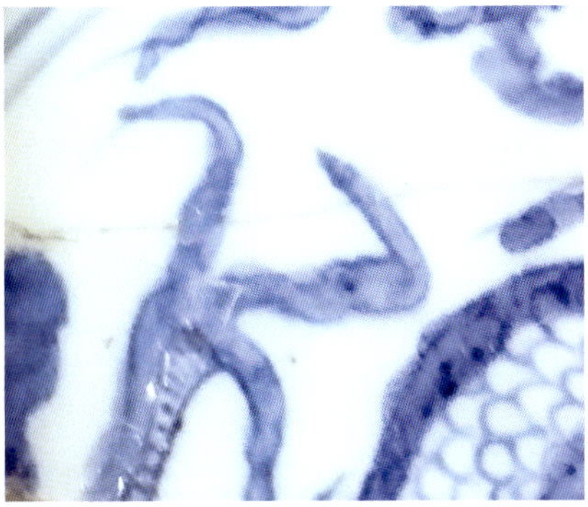

（圖 3-18）元青花釉質白中泛青。

（圖 3-19）
元青花使用蘇麻離青所顯現出來的鮮豔藍色調（景德鎮私人博物館藏）。

14 釉泥即是釉石泥，即是所謂的「釉果」。

15 周狼萁草是廣泛生長於江南地區的蕨類植物。

16 周黃雲鵬、黃濱、黃青（二〇一七年），元青花探究與工藝再現，南昌：江西美術出版社，頁一四四。

在中國大陸也有鈷礦的發現，像是在河北甘肅、新疆、江西、浙江、福建等地。中國大陸所產的鈷礦，是屬於低鐵高錳的成分，一般發色不像進口青料鮮豔，呈色灰藍，暈染效果不強（圖3-20）。

青花料之中的鈷、鐵、錳是主要發色劑，鈷的呈色能力最強，只要正常的還原燒成氣氛之中，就能燒製成藍色的呈色。鐵的呈色能力次之，錳又次之。

（圖 3-20）
元青花混合使用國產青料所呈現的藍中偏灰青色調。

鐵與錳在高溫燒製之中，窯爐溫度與燒製氣氛對於呈色影響有較大的效果。在充足的還原氣氛之中，鐵元素會呈現青綠色，會使得青花藍中閃翠，展現出像是藍寶石一般的色澤。若是燒製的還原氣氛不足，或是燒成氧化氣氛，鐵元素會變成黃、褐色甚至是黑色調，會影響青花呈現灰藍、黑藍的色調，部分情況連同影響整體釉面形成白中泛黃的色調。錳元素的含量高低會影響青花色澤，國產鈷料一般含有較高的錳，會影響鈷料的呈現顯得較為灰暗，因此青花的呈色形成灰藍色調或是淡雅的效果（圖3-21）。

（圖 3-21）
使用國產青料偏向灰藍色調而無暈染現象。

青花料之中所含的鈷的比例，也是影響青花色澤的變數之一，景德鎮市陶瓷考古研究所在落馬橋元青花遺址之中就發現了三件「火照」，其中一件用青花寫上了「頭青」（圖3-22），從現今留存的元青花的青花色澤有深淺濃淡的差異來看，可以推論當時的青花料之中也可能已經分出「頭青」、「中青」、「下青」等不同的青料。「頭青」的鈷含量比例比較高，鈷的含量高與純度高，所繪寫出來的青花呈現色澤鮮豔與濃重的效果，一般可以在銷往伊斯蘭地區的大件器物上看到。大陸本地的墓葬或是窖藏之中所出土的元青花，在鮮豔濃重之中，具有灰藍色調的效果，很可能即是以「中青」所繪寫，而銷往東南亞地區的小瓶、罐、碗之類的物件，青花色澤灰暗，應該是使用「下青」所繪寫。

除此之外，窯爐的火溫也會對青花呈現產生影響，元青花一般在一二六〇－一二八〇攝氏度燒成，青花呈色效果會比較好。如果溫度超過太多，青花暈散，筆觸不清晰。如果火溫不足，則會使青花呈色灰暗，筆觸朦朧，釉面失透，失去瑩潤的光澤感。

（圖 3-22）
景德鎮落馬橋遺址出土的青花火照。

第肆章　元青花早、中、晚期的發展

引言

隨著一些元青花瓷器的陸續發現與出土，再經過許多學者的研究，元代青花瓷器的燒製與風格的演變，可以區分為早、中、晚三個時期。元青花從較為粗劣的品質，逐步過渡到高品質的青花瓷器。不僅僅是技術與藝術性的提升，其外銷市場也隨之不斷地擴大。

依據考古出土的實物來觀察，這三個時期的元青花，分別展現出不同的品相與風格。本章將就這三個時期的特色與差異性，做一深入淺出的論述，除了讓讀者理解元青花的發展過程之外，也讓讀者從社會文化、藝術風格與工藝技術等等各個層面來掌握鑑識元青花的知識。

一、延祐期青花瓷

從元初（一二七一年）到元至元（一三三五－一三四〇年）間的六、七十年時間，是元景德鎮青花瓷邁向成熟的準備階段。此一時期所生產的元青花品質較粗，釉面泛青程度較為明顯，釉面不平，釉質比較混濁。

關於元青花的始燒年代，可參考以下幾則重要的考古出土資料：

（一）、九江「延祐六年」青花塔式罐，一九七五年出土於湖北黃梅西池窯廠，出土時應為一對，一件藏於江西九江市博物館，另一件現藏於湖北省博物館（圖4-1）。

從胎體來看，胎質較為粗糙，從器形來看，具備元代的裝飾性強烈的器形現象。從釉料來看，大部分施青白釉。從裝飾來看，紋飾以線描為主，保留部分青白瓷中堆塑和刻畫的表現手法，繪製紋樣的筆法較為生硬，圖樣設計較為呆板與單調（圖4-2）。

由於其紋飾發色偏向褐色，有學者提出質疑，認為彩料之中並不含鈷的元素，紋飾是鐵元素發色，並不是以鈷發色的青花。也有部分學者持反對意見，認為其胎釉與燒製溫度不均勻，都可能影響了其發色效果。

二〇〇九年三月，上海博物館熊櫻菲採用能量失散X螢光分析法對延祐六年青白釉塔式蓋罐進行了科學檢測，得出了褐彩應是用鐵做為呈色元素，不含鈷元素的結論。即便是以鐵元素呈色，有學者認為從其構圖、繪畫手法來看，都應該屬於青花瓷器早期的範疇（圖4-3）。

目前看來，即使紋飾是屬於鐵元素發色的褐彩，此件的形制與紋飾都是元青花瓷器裝飾借鑑的最早證據，可以視做元代青花的先聲，表現出元青花出現之前的工藝風格，值得進一步研究與探討。

（圖 4-1）
延祐六年墓葬出土的鐵繪牡丹紋塔式蓋罐

（圖 4-2）延祐六年牡丹紋塔式蓋罐局部

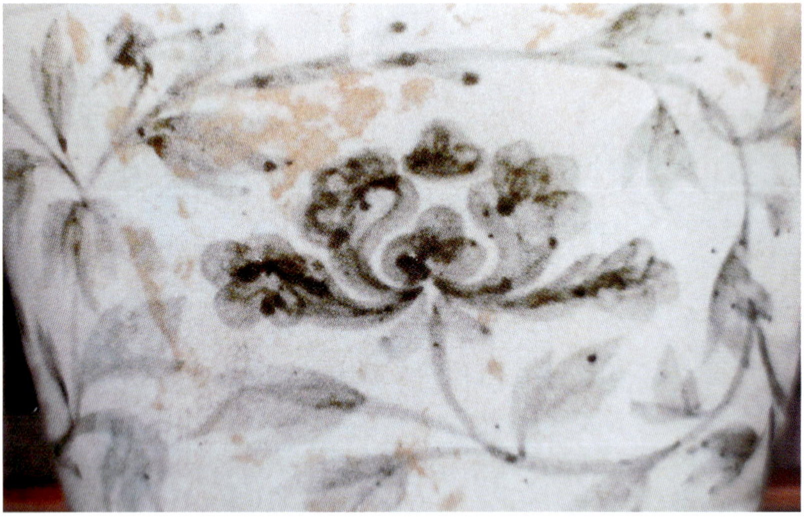

（圖 4-3）延祐六年牡丹紋塔式蓋罐（牡丹紋局部）

（二）、江蘇金壇窖藏發現一件青花雲龍紋罐

一九六六年，鎮江地區金壇縣湖溪村群眾在修建管道過程中發現一處元代窖藏，出土一件青花雲龍紋罐，罐口上蓋一件夾層大銀碗，罐內藏有各種銀器五十餘件。這批東西最初送縣財政局保存，後由鎮江博物館收藏。

出土的青花雲龍紋罐高26公分、口徑22.2公分、腹徑35.5公分、底徑20.2公分。器肩一周飾雜寶花卉覆蓮紋，腹部飾雙雲龍紋，先刻再繪青花。龍紋小頭細頸，身姿矯健，三爪強勁，騰躍雲中（圖4-4）。罐脛部飾仰蓮紋。胎體厚重，施青白釉，瑩潤光澤，積釉處呈青綠色，釉面能見密佈的霧狀氣泡。罐內塗胎漿水，厚薄不一。器底見火石紅斑。青花釉色淺淡，有黑褐色斑點，並顯現「錫光」現象。

此器的特點是先用刻劃工具在坯胎上刻劃線紋作為分隔線，線上紋內刻劃紋飾，然後以鈷料繪畫，刀法簡練。景德鎮湖田窯南岸出土的元代早期產品仍用刻劃花裝飾，紋飾較宋代簡潔，但刻痕較深，說明元代早期瓷器製作還沿襲有宋代的一些做法。一同出土的還有銀盞和銀盤，銀盞盞口沿鏨刻長銘一周：「兩司庫管銀打造到清酒都務散盞一百隻，共重百玖拾貳兩陸錢半。嘉定二年（一二〇九年）十一月十五日銀匠輔顯之、李三一監管逯定，範世昌」。銀盤有阿拉伯文回曆七一四年一月（延祐元年，西元一三一四年）。[1]

1 梅花形銀盞，盞的樣式延續宋代形制，如江蘇溧陽平橋南宋銀器窖藏出土的蓮瓣形盞與此窖藏蓮瓣形銀盞相似。此類盞當為酒器，稱為散盞。四川南江縣玉泉鄉歐家河窖藏曾出土類似銀盞。盞口沿鏨刻長銘一周：「兩司庫管銀打造到清酒都務散盞一百隻，共重百玖拾貳兩陸錢半。嘉定二年（一二〇九年）十一月十五日銀匠輔顯之、李三一監管逯定，範世昌」。

（圖 4-4）江蘇金壇窖藏出土元青花罐

（三）、江西省博物館藏「至元戊寅」（一三三八年）青花銘釉裡紅四靈塔式蓋罐。

一九七四年江西景德鎮元代至元四年（一三三八年）墓出土，現藏江西省博物館。此罐為明器，通體施青白釉，貼塑以青花與釉裡紅著色。器身堆塑青龍、白虎、朱雀、玄武四靈，其間分飾卷雲紋。底部堆貼仰蓮紋一周。頸部以青料橫書「大元至元戊寅（一三三八年）六月壬寅吉置」楷體款。肩部用青料橫書「劉大使宅淩氏用」楷體題記。罐蓋面堆塑雜寶，蓋頂作塔形，塔身正面設小龕，龕內塑坐佛一尊。塔座呈六方形須彌基座。塔龍門及蓋邊堆塑串珠紋。全器施青白釉，堆塑處以青料及釉裡紅加彩（圖4-5）。

（圖 4-5）青花銘釉裡紅四靈塔式蓋罐

（四）、陜西省西安曲江張弘毅至元五年（一三三九年）墓出土一件青花匜（圖4-6）。[2]

根據景德鎮考古資料來看，元青花的燒造時間應該在元代中後期。

對照從景德鎮湖田窯所出土元青花的地層關係看，湖田南河南岸（原印機廠一帶）和龍山頭出土的青花瓷，其下層均疊壓著卵白釉瓷與芒口印花碗，這類碗與韓國新安海底沉船中的器物一致，因沉船出水有墨書「至治三年（一三二三年）六月一日」木簡，沈船之中不見元青花出水，故有學者推知元青花的始燒年代不會早於至治三年（一三二三年）（圖4-7）。

二〇一二－二〇一三年所出土的景德鎮落馬橋窯址的元青花地層，也是這樣的情況，其下層疊壓類似新安沉船中卵白釉瓷的文化層，竟無一件青花瓷出土。[3] 目前考古出土的情況說明，元青花的生產在早期幾乎不見，其大量生產的時間應該推移到元代中晚期。

（圖 4-6）張弘毅墓室出土元代青花匜

[2] 一座命名為M6號的元代墓葬，墓誌記載，墓主張弘毅，字達夫，原家安陸，後遇兵亂流離關中，為紀氏所收養，遂為關中人，至元五年（一三九九年）六月二十二日卒，享年六十六歲。張弘毅生平還有待研究，從他和三位夫人合葬墓中，共出土了約五十件文物。其中有十四件（套）珍貴瓷器，特別是其中一件是罕見的元代青花瓷。

[3] 根據報導，一九八〇年，景德鎮市陶瓷考古研究所曾經在落馬橋元末窯址發現一組風格特異的元青花，這個重要發現是可以解讀「至正型元青花」的關鍵材料。

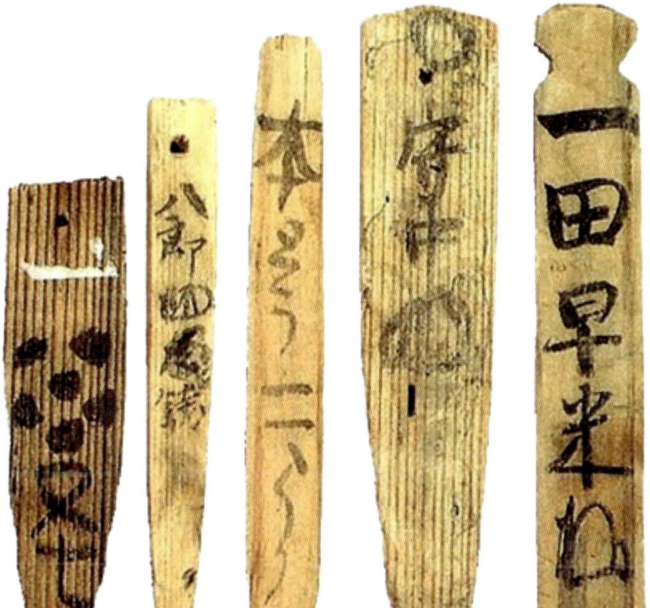

（圖 4-7）韓國新安沈船墨書木簡（其中一部分）

元至元時期（一三三五－一三四〇年）到十四世紀五〇年代，是景德鎮青花瓷的成熟時期，由於對外貿易的需求而大量生產大批的外銷瓷。

英國學者霍布遜於一九二九年在北京購得一對帶有至正十一年（一三五一年）銘文的青花雲龍紋象耳瓶，是研究此一時期元青花瓷的重要斷代標準器。一九五二年美國波普博士（John Alexander Pope）從青花雲龍紋象耳瓶入手，提出「至正型青花瓷器」的觀念，開啟學術界對元青花的各項研究工作，並開始將一些原來劃歸明代的青花瓷訂正為元代青花瓷器（圖4-8）。

（圖 4-8）至正十一年青花雲龍紋象耳瓶

以至正十一年款青花雲龍紋象耳瓶為代表的元代青花，主要用於外銷。其特點是青花發色濃豔，紋飾繁密，器型碩大，胎體厚重，使用二元配方瓷胎和進口青料，裝飾題材和內容以中國傳統的歷史題材與典故為主，但是裝飾方式和器形設計更適合伊斯蘭地區的風俗習慣與審美品味（圖4-9）。

這一時期也生產一些中小型青花瓷，以使用國產青料為主繪製而成，主要是用於內銷，也有一部分出口於日本、韓國和東南亞地區（圖4-10）。

（圖 4-9）元代青花大盤（伊朗國家博物館藏）

（圖 4-10）中小型元代青花（青花鳳紋玉壺春瓶）

三、元末青花瓷

（一）、一三五一年後，大明政權已經控制景德鎮

從十四世紀的反元戰爭之中，景德鎮曾經處於戰火之中，而在大明建國（一三六八年）之後，卻對曾經被自稱漢王的陳友諒佔領之下的饒州地區人民不放心，洪武年間開始進行大規模移民，共遷徙江西移民二百一十四萬人，其中饒州移民將近百萬人。在這兩場劫難之中，景德鎮陶冶業受到重創，荒廢了一段時間。

事實上，從一三五一年以後，大明政權已經控制了景德鎮地區，雖然歷經戰爭與遷徙移民，景德鎮可能仍然有一些零星生產，此一時期景德鎮所生產的青花瓷器，在風格上很可能有重大的轉變。

從二〇一二年十一月開始，中國政府始對景德鎮盜掘嚴重的落馬橋窯址進行搶救性挖掘，到二〇一三年年底完成發掘整理工作，出土了大量的元代樞府瓷和青花瓷。從模印和青花彩繪五爪龍紋的產品來看，該窯址在元代是景德鎮浮梁瓷局轄下的一處重要窯場（圖4-11）。

（圖 4-11）景德鎮落馬橋遺址現場

依據考古報告，經清理了從宋末元初到清末民初的地層，從各方面地層情況看，景德鎮落馬橋地區的紅光瓷廠窯址的生產從元早期到清末民初一直有延續。元代中晚期，以青白瓷和卵白瓷為主，晚期地層出現一定數量青花瓷，以及少量藍釉和極少數釉裡紅瓷，器型豐富，製作精細（圖4-12，4-13）。

（圖 4-12）落馬橋出土元代青花殘片

（圖 4-13）落馬橋出土元代青花殘片

元末農民起義風起雲湧，漢人意識逐漸抬頭，有學者認為此一時期的景德鎮窯廠的畫工有意識地突破蒙古色目文化之藩籬，首次將具有千年文明史的漢文化藝術引入元青花，在青花瓷器上繪製歷史人物題材與典故，進而創燒出獨具一格的落馬橋型元青花瓷器（圖4-14）。學者根據落馬橋類型元青花的發現地點，至今完全可以復原一條從景德鎮落馬橋，經江蘇太倉、西沙群島、麻六甲海峽、南印度，最後抵達埃及福斯塔特古海港的元末海上元青花外銷路線。

明代所編修的歷史當然把一三六八年明代建國以前都稱為「元」；然而事實上江西景德鎮在一三五一年以後，就已經脫離元廷之控制，因此所謂「落馬橋型青花」，雖延續元之工藝，然而卻已經不是元蒙文化之格調。

（圖 4-14）落馬橋出土元代人物故事青花殘片

（二）、土耳其和伊朗兩地收藏的元青花主要是「賜賚瓷」

所謂「至正型青花瓷」幾乎成了元青花的代名詞，然而，景德鎮考古與元青花最新研究表明，土耳其和伊朗兩地收藏的元青花主要是元朝皇帝在一三二八至一三三一年間賞賜伊利汗國大汗的「賜賚瓷」。元順帝元統二年，成吉思汗家族最後一位伊利大汗不賽因（Abu Sa'id Bahadur）死後，伊利汗國迅速瓦解，權臣、統將紛紛擁兵自立傀儡可汗，互相攻殺，形成割據局面。至元六年，蒙古貴族哈散（劄剌亦兒氏）在報達（今巴格達）自立為大汗，史稱「劄剌亦兒王朝」。大衛德基金會所藏雲龍紋象耳瓶燒造於至正十一年（一三五一年），而伊利汗國早在十六年前（一三三五年）滅亡。自此之後，中東穆斯林君主不可能得到元朝皇帝賞賜的元青花。

另一方面，陳有諒的天完紅巾軍在至正十一年（一三五一年）攻佔元朝浮梁瓷局所在地饒州後，景德鎮窯廠不可能繼續為元朝皇帝燒造元青花。[4]

元代朝廷以蒙古人統治漢人，不太可能准許民間瓷場繪製漢族歷史人物故事的元代青花瓷器，目前傳世或出土元代青花瓷器之中，繪有人物故事的青花瓷器，有學者認為很有可能是元末時期，元廷勢力被驅逐出景德鎮勢力範圍，蒙古人不再掌控景德鎮之時所燒造。

4 元末在北方白蓮教起義爆發前，徐壽輝、彭瑩玉抓住時機，借北方義軍節節勝利，迅速擴展之大勢，於一三五一年八月發動南方起義。起義軍一舉攻佔蘄州（今湖北浠水），又攻佔黃州。建立政權，定國號為「天完」，定都於蘄水，共同擁立徐壽輝為帝，建元「治平」。

（三）、進口青料不繼，國產青料續燒

反元戰爭時期，因為戰事頻仍，景德鎮遭受戰火影響，燒造有中斷現象，除此之外，中東地區貿易中斷，而從國外進口的青料也停止供料，只能使用國產青料，但是庫存的進口青料還持續使用了一段時間（圖4-15）。

（圖 4-15）元代末期青花高足杯

此一時期的進口青料大多使用於大型器或精緻的中小型器、透明白釉器，延續至正時期的裝飾風格，但是畫面構圖明顯變得較為疏朗，大多為權貴訂製或用於出口。

大部份以國產青料燒造，除了繼續燒製卵白釉和青白釉器之外，也燒製減筆白描畫法的花卉紋小器，用筆瀟灑，紋飾簡單，主要出口東南亞地區，類似明初期一筆點染畫法的簡單紋飾青花瓷則大多屬於內銷的民用瓷。

明初洪武年後，青花瓷仍然持續生產，並大多延續元末的裝飾紋樣，尤其是在民間用瓷上（圖4-16）。

（圖 4-16）明代洪武時期青花荷葉蓋罐

四、至正型元青花的特色

（一）、器形、胎土與釉質

一般都以英國大衛德基金會所收藏的一對有至正十一年銘文的青花雲龍紋象耳瓶做為標準器，紋飾精緻，構圖繁複，釉質油潤透明，以蘇麻離青為青料，像此類產品，在元代應該是做為外銷的高檔貨，或是做為國家餽贈外國的「賜賚瓷」。

以外銷而言，是根據銷售地區的不同需求而生產不同的類型。一般而言，從存世的此類青花瓷器來看，紋飾精美，器形規整，不論紋飾與器形都具備濃厚的伊斯蘭風格，大多可能是餽贈給伊斯蘭皇室或貴族的「賜賚瓷」，或是由伊斯蘭皇室或是貴族所訂購。

此一時期的器物種類豐富，有各種型制的碗、盤、罐、杯、盞托、高足杯、高足碗、匜、執壺、瓶、三足爐等。形制特別的扁壺與方壺等，都是過去所未見的器型（圖4-17）。

（圖 4-17）元青花扁壺

大件器與小件器並存的現象，大型器物主要是適應蒙古人、色目人、西域信仰伊斯蘭教的人們生活習俗需要，特別是現存土耳其和伊朗的元青花大件器更多。

在印尼、菲律賓等東南亞所出土的元青花，以水注、水滴、小罐、小碗等小件器為多，常有變形、底心微微下塌等缺點，規格較大的器物器形常有不規整現象，修胎較為草率，露胎處有不平滑感。圈足修整不平整（圖4-18）。

此一時期的元青花以白色的胎體、透明釉面及深濃的鈷藍為標記。胎體厚重，胎體中常見細小砂礫砂眼，鐵、錳等雜質焙燒時熔出胎面，出現褐色顆粒狀斑點。器物底部或是圈足露胎部位，往往呈現黃紅色或是紅褐色，一般稱為「火石紅痕」、「火石紅」、「火石釉」或「黃衣子」（圖4-19，4-20，4-21，4-22）。

（圖 4-18）元代青花雲龍紋高足碗

（圖 4-19）麒麟牡丹紋菱口大盤底部（法國居美博物館藏）

（圖 4-20）元代青花牡丹紋大盤底部（日本大阪東洋陶瓷博物館藏）

（圖 4-21）青花雲龍紋鋪首蓋罐底部（上海博物館藏）

（圖 4-22）元青花瓷器圈足火石紅

釉質一般光潤肥厚，有些釉面不夠整齊，有縮釉或像窯裂一樣的漏釉現象。不上釉的底足露胎處，出現一些以隨性瀟灑方式潑灑上去或是無意之間沾上去的釉塊或是釉水斑痕，有些還有濃度不一致的透明釉刷痕（圖 4-23，4-24）。

（圖 4-23）元青花底足

（圖 4-24）元青花底足的釉斑現象

（二）、紋飾風格

紋飾呈現中西文化交融現象，題材和釉下彩技法是中國式，裝飾與構圖方式是伊斯蘭式。

在傳世與出土的元青花瓷器中，除一批繪有魚藻紋、飛禽瑞獸、花卉蓮池等構圖嚴密、筆法工整，且器形頗大的精美製品之外，另外有一類繪有歷史人物故事圖的器皿，畫工精細，釉質精良，關於此類的元青花瓷器，有學者將之歸類於至正時期，也有學者認為應該是元代末年景德鎮所燒製。

人物故事圖繪主要表現元代雜劇中的劇情，帶有此類裝飾的器皿傳世數量非常稀少，目前已知道的約有十餘件作品，除了中國國內收藏者外，大多流散在世界各地。

人物故事圖主要來源於小說和元曲劇本的版畫插圖，具有鮮明中國歷史特點或反映中國江南特有的景色（圖4-25）。

（圖 4-25）元青花西廂記大罐

此一時期出現許多典型的元青花，其紋飾層次較多，主要是受到中東伊斯蘭文化傳統風格的影響，盤子的紋飾以同心圓環的形式設計裝飾圖案，或根據盤子中心的圓形主題裝飾部分，再從中心一層一層地向外擴展（圖4-26）。

（圖 4-26）元青花花果竹石麒麟大盤（托普卡比皇宮博物館收藏）

整體而言，圖案茂密，畫工精細。不論是青花大罐、大盤和梅瓶等，以數層或是十幾層紋飾密佈全器，在器身上以主題紋飾和輔助紋飾密切結合，構成整體的裝飾效果（圖4-27）。

（圖 4-27）元代青花牡丹紋大罐（日本國立東京博物館藏）

有些扁壺、高足杯等器，只是單繪龍紋等圖案，紋飾較為簡略。一般而言，東南亞地區出土的小件器呈現出較為簡略的風格（圖4-28，4-29）。

（圖 4-28）元青花菊花紋方形小罐

（圖 4-29）南海出水青花小罐

（三）、主題紋飾與輔助紋飾

基本上，先繪製一整幅圖畫做為主題，如魚藻圖、人物故事圖、蓮池水禽圖（圖4-30），其他以輔助紋飾裝飾。除了魚藻圖、人物故事圖、蓮池水禽圖之外，主題動物紋還有以龍紋、雲龍紋、海水龍，也有鳳凰、孔雀、獅子、天馬、麒麟、草蟲等等。在花草植物紋方面，以纏枝牡丹與蓮花為多。也有葡萄、瓜果等等。

（圖 4-30）元代青花魚藻紋大盤（美國大都會美術館藏）

輔助紋飾主要用在器物的口沿部位與底足部位，用來間隔幾組主題紋飾並起到裝飾作用。最多為纏枝花（牡丹、蓮、菊等）、仰覆蓮瓣紋、水波紋。也常見雜寶、回紋、蕉葉、連續斜方格紋、雲紋、錢紋、朵蓮、纏枝石榴、纏枝海棠、串枝花、雲間紋等。在花草紋方面，以纏枝牡丹和纏枝蓮的使用最為常見，也常見到串枝花、靈芝等紋飾（圖4-31）。

除此之外，也多勾勒出如意頭形、菱形等做為開光裝飾的表現。

（圖 4-31）元代青花牡丹紋梅瓶（美國大都會美術館藏）

（一）、胎土與釉質

元青花的胎土，是採用二元配方法所製作。改變了傳統以來大多以單一瓷石製作胎土的習慣，在原有的瓷土之中加入了高嶺土。

其因素一方面在於元人喜好大型器物，瓷器工匠必須尋找方法改善大件器物的燒成率，讓胎土更耐火溫，燒製出更為堅固的胎體。另一方面在於因應青花瓷的藍彩筆繪，瓷胎必須細白凝膩，以突顯用筆筆調與青料的層次，形成藍白相間、活潑動人的視覺效果。因此，以瓷土加上高嶺土製作胎土，有下列好處：

1、瓷化程度更完整：使器物的胎體能夠承受 1250℃以上的高溫，使胎土不會因為高溫而坍塌變形，提高燒成率。

2、提高瓷胎白度：加入高嶺土，更豐富的氧化鋁含量，可以使得胎土更為潔白。

3、提高釉質的透明度：在製備釉料過程之中，提高釉果的比例，使得透明玻璃釉，更具備透明度，呈現出玉骨冰肌的效果。景德鎮過去使用的釉料以釉灰為主要成分，加入少量釉果。元代陶工調製出新配方，釉灰含量甚至減少至 8%－9%，釉果比例調高至高達 91%－92%的比例，經過 1250℃以上的高溫燒製後，胎體上呈現出流動性小、釉色白中帶青、釉面厚重潤澤的透明感，色澤表現更好。

在上釉方式方面，大件器物採用淋釉的方式，小件器物則用浸釉的方式。

（二）、鈷料

元青花使用兩種青料，一種是進口的青料，稱為「蘇麻離青」，又稱「蘇渤泥青」為主，因為蘇麻離青顏色容易暈散，一般都需要與國產青料適度搭配混用才能使用，在經過 1250℃以上高溫燒製後，紋飾呈色濃艷，一般會有自然凝聚的黑疵斑點的現象（圖 4-32，圖 4-33）。

（圖 4-32）攝於高安博物館

（圖 4-33）蘇麻離青具有一定的暈散效果

蘇麻離青的青料來源，經學者考據可能是從中東的 Samarra 地區（今天伊拉克一帶）進口，使用年代從元代中晚期以後一直持續到明代永樂、宣德年間與成化前期。

另外一種是使用國產青料，色調偏向灰藍色或黑藍色。在元代早期的青花器上使用，或是元末一段時期到洪武晚期，使用得較為頻繁（圖4-34）。

（圖 4-34）青花小罐

（三）、成形工法

以模製法和拉坯法為主。較大的瓶、罐類大器，都是分段拉坯製造，再拼接而成，可見明顯接痕。特殊器形像是扁壺之類，則使用模製法製作。

不過大小件器物的胎體都普遍厚重，但是也有部份小件器相對比較薄，胎體往往薄於後世明朝同類器物。而仿製者所製作的贋品則有所忽略，小件器往往製作得很厚實沈重。

削足處理方法常見在底足足端外牆斜削一刀，大件器物足底寬厚，大多為挖足，挖足有深有淺，但是足面較寬，挖足一般不會太深（圖4-35，4-36，4-37，4-38）。器物圈足一般修飾都顯得粗率，修坯並不十分整齊。高足杯的高足與杯身以泥漿拼接，拼接處往往可以看見因為擠壓而出現的泥漿狀態（圖4-39）。

（圖 4-35）元青花梅瓶底足

（圖 4-36）元青花大罐底足

（圖 4-37）元青花大盤底足

（圖 4-38）元青花大碗底足

（圖 4-39）元青花高足杯底足

（四）、紋飾繪畫技法

整體看來，元青花的紋飾以裝飾圖案為主，筆調勁挺，線條紮實，青花繪畫以描繪最為明顯，表現出瀟灑、挺健、明快、率真的筆趣（圖4-40）。基本上，元代青花瓷器紋飾採用小筆「平塗法」。根據大陸學者孫瀛洲的意見：「有的則是在濃筆邊線內施以淡色」。小件器上為一筆點劃，這就是所謂「一筆畫」的畫法（圖4-41）。而從明代成化時期開始，勾勒線條輪廓與填色是分別完成的。繪畫技法上的不同，可以做為劃分元、明青花瓷器的依據。

（圖 4-40）
元代青花描繪紋飾技法以大筆揮灑，表現出率真、挺健與瀟灑的趣味。

（圖 4-41）小件元青花以一筆點劃的方式完成紋飾的繪寫。

纏枝花形與葉形碩大，纏枝番蓮花的葉形以葫蘆狀為其特色。葉為滿色塗法，但花朵塗色不填滿，塗色之時刻意與花瓣外部輪廓線條留有較明顯的空白間隙（圖4-42）。山石、海水、人物、動物紋等、也都有類似的情況。

蕉葉紋多數做成分開狀，在葉與葉之間留有少許空隙（圖4-43），少量為併攏型或葉與葉呈重疊狀（圖4-44）。明初以重疊狀多見，偶見有分開的。明代宣德以後，蕉葉紋幾乎不見有分開的，都為拼攏重疊狀。除此之外，元代蕉葉的主脈，均以濃筆的粗線條塗繪，一般蕉葉紋雙勾，中間以色料填實，使得蕉葉主脈呈現粗實的線條（圖4-45）。明代以後，蕉葉的主脈均留白，呈現中空留白的現象。

（圖 4-42）
典型元青花紋飾纏枝花葉片為葫蘆形，花朵填色留有空白邊。

（圖 4-45）元青花的蕉葉紋飾，葉片的中莖以實線塗實。

（圖 4-44）
元青花的蕉葉紋飾，
有些呈現葉片相互靠攏連接的構圖。

（圖 4-43）
元青花紋飾的焦葉紋飾，
葉片往往呈現分開的構圖。

元代青花瓷器上的龍紋，身軀細長若蛇，細頸，細腿、細爪和尖尾巴（偶有火焰式大尾），體態輕盈。頭較小，鬚髮向後方飄動，頭上鹿角，張口、吐舌，龍的下齶有鬚，上頷一般無鬚（圖4-46）。

值得一提的是，至正十一年銘的標準器上的龍紋上頷有雙鬚，而此類帶鬚現象，在元青花的其他龍紋圖案上十分少見（圖4-47）。

（圖 4-46）
元青花的龍紋，一般細頸蛇身，三爪，造型靈活矯健，用筆生動。

（圖 4-47）至正十一年銘青花象耳瓶上面之龍紋局部。

龍身鱗片可以分成兩種，多見網狀細鱗片（圖4-48），以留白大鱗片少見，後者龍紋更加精美（圖4-49），龍有背鰭，腹下通常無橫紋帶。胸與背部，常飾有火焰狀飄帶（圖4-50）。肘部有長毛三至四根或一撮。龍爪以三爪、四爪居多，五爪極為罕見。

（圖 4-48）
元青花龍紋以網狀鱗片表現

（圖 4-49）
元青花龍紋鱗片以細膩筆線勾畫出鱗片者，通常僅見於典型而精緻的元青花
（高安博物館藏）

（圖 4-50）
元青花龍紋常裝飾有火焰紋飄帶
（高安博物館藏）

就瓷器藝術史來看，元青花的出現與製作，展現了中西文化的交流。除了蘊含濃厚的中西貿易意義之外，更具備許多由傳統陶瓷文化走向近代文化的新因素，展開中國陶瓷藝術風格史上一次巨大的變革。

元青花的裝飾題材開始由文人品味與高雅走向民間趣味與通俗趨勢。元代青花瓷器上面的人物故事畫是中國歷史上第一次將戲曲場面完整而細膩地描繪在瓷器上，為明清以後各種人物活動畫面裝飾打下基礎，也是中國陶瓷藝術史由優雅走向通俗的開端之一。其國際貿易的巨大利益與成果更為景德鎮陶瓷業的生產打下基礎，推向明清時代的高峰。使得明清時代的景德鎮陶瓷在品質和數量上都維持領先的地位，幾乎佔據當時全國主要的陶瓷市場，宮廷用瓷與國外市場也主要由景德鎮供應，由此開始，景德鎮壟斷了數百年以上的中國陶瓷市場。

第伍章　元青花的發現、研究與收藏

引言

元青花在二十世紀六十年代之前，並不被中國收藏家所重視，即使明清時期的皇室收藏，也不見元代青花，因此兩岸的故宮博物院原本並未收藏有元青花，一直到二十世紀六十年代以後，才逐步認識到元青花的歷史與藝術價值。臺北故宮博物院接收民間收藏家的一些捐贈，而北京故宮博物院則將一九六零年代以後考古出土所發現的重要元青花徵調到北京庫房。

在早期，元青花不受到重視的原因，主要原因在於元青花為蒙古人統治之下的元代所生產，早期一般收藏家受到明清時期收藏家審美觀念的影響，像是明代曹昭所寫的《格古要論》就是特別推崇宋代青瓷，以汝窯為魁，認為汝窯為最上品，在明清時期的文人筆記裡，以汝、官、哥、鈞、定為宋代五大名窯。由於明清時期的收藏家普遍崇尚宋代單色釉，尤其是青瓷的單色、溫潤與玉質一般的美感，認為由蒙古遊牧民族主導之下所生產的元青花，器型碩大，紋飾華麗，充滿匠氣，格調不高，並不具備高雅的藝術品味。

一九六〇年代以後，西方的學者開始介入深入研究，以西方人在十七世紀以來，迷戀中國青花瓷器的歷史，西方人以不同的審美與歷史的角度來看待元青花，認為元青花代表著人類製作青花瓷器的第一個高峰，不僅具備富麗堂皇的美感，更象徵著在十四世紀中西文化與貿易的交流，因此歐美以及日本的收藏家與博物館開始對於精美的元青花積極的收藏，更進一步發現精美的元青花數量相當有限，在粥少僧多之下，使得元青花愈來愈益稀少，在國際文物藝術市場的價格愈來愈高。

約在一九七零年代以後，日本藏家與香港藏家受到英美收藏界的影響，逐漸開始關注元青花的收藏，台灣則遲至一九八零年代，大陸則在兩千年以後積極介入研究與收藏的行列。

一、全球元青花的發現與收藏

完整而具備典型的元青花瓷器（即所謂的至正型元青花），應指純淨的透明釉和青花色澤鮮豔，構圖繁複，圖案花紋畫工精細（圖5-1）。根據中國學者的約略統計，典型的元青花的存世數量大約在三百件左右，其中並不包括青白釉、一般的釉下青花以及銷售東南亞市場的青花器物。[1]

一般而言，外銷東南亞地區的青花器青花色澤比較灰暗、圖案較粗率。也不包含提供給國內市場的小型青花日用器，其品相與風格也是比較粗率而簡略。二〇〇九年中國北京首都博物館舉辦「青花的記憶」展覽之時，曾經製作了展覽器物一覽表，值得我們參考。

事實上，隨著資訊的發展，以及在中國經濟發展與各地建設的進行之下，中國各地都有可能陸續發現元代青花的蹤影，元青花存世的精確數量，仍然有待進一步全面與精密的研究與統計。

在二十世紀初期，人們對中國瓷器所知不多，德國學者艾恩斯特・司馬曼恩在其所編選的圖錄之中首次收錄了托普卡比皇宮博物館的部分精品。

（圖 5-1）元青花梅瓶（上博藏）

1 學者的統計數字只是概略估計，並非精確估計，只能做為參考之用。

在一九三五至一九三六年，托普卡比皇宮博物館參加了由英國皇家學院在倫敦舉辦的中國藝術展，宮中部分藏品，首次也是僅此一次和來自北京故宮的文物並列展出。雖然當時對罕見的元代青花瓷器的理解非常有限，但是托普卡比皇宮博物館所典藏的元代青花瓷器的精美豐富，激發了美國弗利爾美術館（Freer Gallery of Art）的美國學者約翰・波普（Dr John Alexander Pope，一九〇六－一九八二年）的關注，他於一九五二年寫了一篇探討元青花的學術論文，波普博士以收藏於英國的一對元青花象耳瓶為依據，對照伊朗阿德別爾寺及土耳其伊斯坦堡托普卡比皇宮博物館所收藏的元青花瓷器，在造型、紋飾等方面進行深入的對比研究，先後發表了《14世紀青花瓷器：伊斯坦布耳托布卡普皇宮所藏一組中國瓷器》（Fourteenth Century Blue-and-white：A Group of Chinese Porcelain in the Topukapu Sarayi Muzesi,Istanbul）以及《阿德比耳寺收藏的中國瓷器》（Chinese Porcelain from Ardebil Shrine）（圖5-2，5-3）。他以「至正十一年」銘青花雲龍紋象耳瓶 標準器，發現了一批與之相似的青花瓷器，稱作「至正型產品」，它們被認為是中國景德鎮在十四世紀中期（相當於元代晚期）所生產的成熟青花器。隨著國內外的考古發現不斷增多以及傳世品不斷被發現，元青花的研究不僅成為一門顯學，元青花在國際藝術市場的價格持續高漲，元代青花瓷器也出現在了各大博物館供人欣賞。

日本學者也曾經出版了兩部圖文並茂的藏品選粹。藏品的完整分類目錄，則於一九八六年在倫敦出版。

由於托普卡比皇宮博物館（Topkapi Saray Palace Museum）的中國瓷器藏品，大多向貴族與官員徵求而來，因此，托普卡比皇宮博物館所典藏的中國瓷器不是全都為奧斯曼皇室所生產，而是為近東和中東地區市場所製造的外銷商品，由於其來源具有確實的紀錄，因此，其藏品成為研究中國外銷瓷，尤其是元代青花瓷器的重要標準依據。[2]

[2] 托普卡比皇宮的瓷器藏品大多不是經由直接採購或外交饋贈進入皇宮，而是循間接途徑，從奧斯曼帝國的官員的私人藏品徵取所得。奧斯曼帝國施行「木哈勒法」制度，規定官員去世後其財物必須收歸國庫，宮中瓷器種類因而包羅了奧斯曼帝國遼闊疆域內各式各樣的中國瓷器，全面顯示出外銷西亞的中國瓷器種類。

（圖 5-2）約翰•波普博士
（Dr John Alexander Pope）

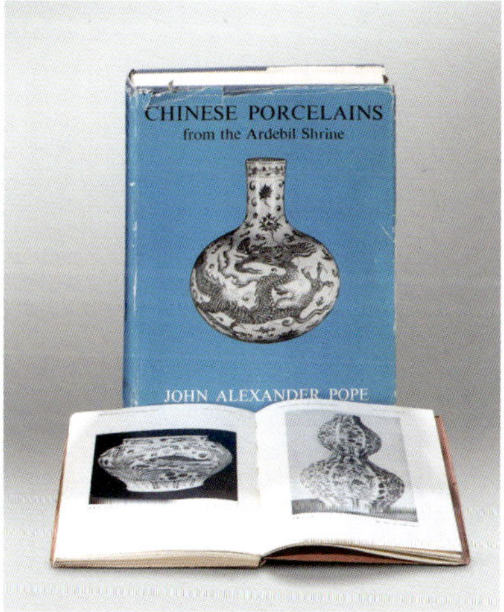

（圖 5-3）約翰•波普博士
（Dr John Alexander Pope）的著作

二、中東與非洲地區元青花收藏

目前看來，最主要的公、私收藏現況如下：

（一）、托普卡比皇宮博物館所藏中國瓷器，是世界上品質最高、數量最多的收藏之一，也是中國境外唯一深具歷史意義的巨藏（圖5-4）。[3]

這批藏品共有一萬多件，其年代由奧斯曼帝國建國之前，蒙古人稱雄亞洲開始，直至奧斯曼帝國瓦解，即明末清初時期為止，涵蓋了中國元（一二七九－一三六八年）、明（一三六八－一六四四年）、清（一六四四－一九一一年）三代的瓷器品種。[4]

土耳其托普卡比皇宮博物館（Topkapi Saray Palace Museum）的元青花收藏，目前已發表了四十件，無論從數量上或從品質上看，都是全世界第一大收藏（圖5-5）。

（圖 5-4）土耳其托普卡比皇宮博物館

托普卡比皇宮博物館所藏的元青花在器型主要是大盤、大碗、葫蘆瓶、八稜梅瓶、高頸瓶、扁壺、魚藻罐等大件瓷器（圖5-6），不見玉壺春瓶、僧帽壺、帶座梅瓶、小盤、小碗、高足碗、盞托、執壺等小件器具。[5]

---

3 一九二四年，新興的土耳其共和國政府，將原來的奧斯曼宮殿—托普卡比宮設置為永久性博物館。

4 托普卡比皇宮博物館藏有自十三世紀起至十九世紀末的中國陶瓷一萬三百五十八件，這其中最為有名的就是四十件元青花。重要的是它有明確的記錄，在一四五三年後，這批元青花瓷器就開始入藏托普卡比皇宮，至今已逾五五〇年。伊斯坦堡古代稱之為君士坦丁堡，從西元四世紀開始，拜占庭、東羅馬、奧斯曼帝國都在此開創輝煌帝國。

5 所典藏的大盤十二件，是僅次於伊朗阿特別爾寺，屬全世界元代青花大盤的第二大收藏。其中口徑達45公分以上的有十件之多。最大口徑48公分的兩件。最小口徑41.5公分1件。在十二件盤中，菱口盤八件，圓口盤四件。裝飾手法有純粹的白地青花，也有藍地留白和陽紋印花與青花並用的品種。

（圖5-6）元青花魚藻紋大罐
（土耳其托普卡比皇宮博物館藏）

（圖5-5）
土耳其托普卡比皇宮博物館所藏元青花大盤

裝飾手法有白地青花、藍地留白和青花相結合、陽紋印花和青花相結合等方式（圖5-7）。紋飾既有大陸國內出土器中少見的通體繪滿如意雲肩紋結合雜寶的精緻紋飾，也有竹石瓜果結合走獸的圖案和中國地區所發現的元青花少見的庭院、蓮池鴛鴦和庭院孔雀等等（圖5-8），同樣有中國國內元青花常見到的蓮池、蓮池鴛鴦、龍紋、鳳紋和魚藻紋等等，但是值得研究的是，不見中國國內常見的戲曲人物故事。

（圖 5-7）白地青花菱口大盤（土耳其托比卡比皇宮博物館藏）

（圖 5-8）
元青花瓜果竹石鳳紋菱口大盤（土耳其托普卡比皇宮博物館藏）

托普卡比皇宮博物館所典藏的元青花之中，有幾件器物特別值得一提：

1、藍地白花麒麟飛雉雙鳳紋菱口大盤（直徑41.5公分）。這是傳世最大的一件藍地留白盤，其麒麟飛雉雙鳳的紋飾是目前僅見的孤品（圖5-9）。[6]

[6] 北京故宮博物院、英國大英博物館、英國大衛德基金會、日本大阪市立東洋陶瓷美術館均有典藏圓口藍地留白大盤，口徑都在16公分以下，而且紋飾都是以龍紋為主。

（圖 5-9）麒麟飛雉雙鳳藍地白花大盤（托普卡比皇宮博物館藏）

2、多稜葫蘆瓶二件（高度60.5公分），是傳世品之中高度最高的一件（圖5-10）。

3、牡丹紋葫蘆瓶（高度70公分），是世界僅有的一件大型葫蘆瓶（圖5-11）。

4、多稜梅瓶（高40.5公分），青花色澤極為鮮豔（圖5-12）。此類器物的品相以河北省保定市窖藏所出土的一對帶蓋龍紋梅瓶最佳。日本松岡美術館也藏有一件（高度44.5公分），紋飾與佈局與伊斯坦堡所藏相似。

5、龍紋高頸瓶（高度44.5公分）。此類高頸瓶在中國國內並無發現，目前所能見到與此類似的器物，只見英國劍橋大學博物館所典藏的蓮池鴛鴦開光紋元青花一件。

6、牡丹雜寶（高40公分）及牡丹龍紋（高39.5公分）高頸罐二件（圖5-13）。此類高頸罐，中東地區及中國國內均有發現，如江西省高安窖藏出土有牡丹雜寶雲龍紋帶蓋獸耳高頸罐（高47公分）。

（圖5-11）牡丹紋葫蘆瓶
（托普卡比皇宮博物館藏）

（圖 5-10）青花草蟲八方葫蘆瓶（托普卡比皇宮博物館藏）

（圖 5-12）多稜梅瓶（托普卡比皇宮博物館藏）

（圖 5-13）纏枝牡丹雜寶高頸罐（托普卡比皇宮博物館藏）

（二）、原伊朗阿特別爾寺（the Ardebil Shrine，現在的德黑蘭博物館）的收藏，合計達32件，其中包括典藏的十九件大盤，國立德黑蘭博物館是全世界中典型元青花瓷第二大收藏（圖5-14，5-15）。[7]

伊朗國王阿巴斯二世在一六一一年獻給阿特別爾寺祖祠；現藏德黑蘭考古博物館的一批瓷器。雖然數量不及土耳其托普卡比博物館，但是它的元青花都是舉世聞名的精品。

（三）、根據報導，埃及除了出土一些完整器之外，福斯塔特遺址曾經出土了大量的元青花標本，在裝飾上有白地青花、藍地留白和壓印印花和青花併用的手法，圖案基本上是中東常見的紋飾類型。

（四）、根據報導二十世紀七十年代前後，敘利亞的哈馬和其他地方都曾經陸續發現了元青花標本，同時在紅海打撈的沉船上也發現有元青花瓷器。

7 伊朗國王阿巴斯二世在一六一一年獻給阿特別爾寺祖祠，現藏德黑蘭考古博物館。

（圖 5-15）伊朗阿特別爾寺（現今伊朗國家博物館）藏元青花大盤。

（圖 5-14）元青花纏枝牡丹瑞獸雙耳高頸罐（阿特別爾寺藏）

三、歐洲地區元青花收藏

歐洲其他國家元青花收藏的總量並不太多。如荷蘭 Napoli 陶瓷博物館的鳳凰梅瓶十分著名。一九八七年十一月五日至一九八八年二月十五日在法國巴黎吉美博物館舉辦了一次瓷器展，展出了國家陶瓷博物館等單位收藏的四件元青花大盤，其中一件最大的直徑達六十公分。目前歐洲最大的中國陶瓷私人收藏「玫茵堂」發表的元青花器有九件之多。

英國在典型元青花瓷的收藏品主要集中在倫敦大英博物館、維多利亞和艾爾伯特博物館（Victoria and Albert Museum）、倫敦大學大衛德基金會（David Percival Foundation）和牛津大學阿希莫林博物館（Ashimolean Museum）、劍橋大學菲茲威廉博物館（Fitzwilliam Museum）等機構。

從數量上說，大英博物館發表的典型元青花有十件左右，幾乎是英國的最大收藏，帶蓋龍紋梅瓶、纏枝牡丹及雜寶靈獸高頸罐以及孔雀牡丹罐等等物件都十分精美（圖5-16，5-17，5-18）。其中最著名的是大衛德基金會一對至正十一年款的雲龍紋象耳瓶（圖5-19）。[8]

[8] 至正十一年銘款青花瓷瓶顛沛流離的收藏歷程已有八五二年（一三五一至二〇一九年）歷史的「至正瓶」經過了三段顛沛流離的歷程。原來在江南的廟宇供奉（一三五一至一六八一年），其後由北京的古剎供奉（一六八二至一九二九年），二十世紀初期，輾轉賣到英國，由英國倫敦大衛德基金會珍藏（一九二九年迄今）。

（圖 5-16）
大英博物館所收藏的元青花大盤

（圖 5-17）
元青花魚藻紋大盤(大英博物館藏)

（圖 5-18）大英博物館藏元青花魚藻紋大盤局部

（圖 5-19）至正十一年銘青花雲龍紋象耳瓶

英國牛津大學阿希莫林博物館（Ashimolean Museum）陳列的典型元青花瓷有六件之多，其中高頸罐和竹石麒麟圓口大盤是十分重要的收藏（圖5-20，5-21）。

英國的劍橋大學的菲茲威廉博物館（Fitzwilliam Museum）收藏雖不多，但它所收藏的元青花開光花鳥水禽紋六棱形瓶、龍紋帶蓋梅瓶、蓮池鴛鴦大罐、纏枝蓮器座以及六棱開光飛鳳紋高頸瓶，件件都是精品（圖5-22）。

（圖 5-20）元青花開光花卉紋高頸罐（牛津大學博物館藏）

（圖 5-21）元青花纏枝蓮花鴛鴦紋高足碗（英國牛津大學藏）

（圖 5-22）元代青花纏枝蓮花紋鏤空器座
（英國劍橋大學收藏）

四、美國地區的元青花收藏

美國的元青花收藏除了一些私人藏家和克利夫萊博物館、哈佛大學薩格拉博物館等博物館有少數收藏外，主要集中在波士頓美術館、華盛頓佛利爾美術館以及紐約大都會博物館（圖5-23）。早期以波士頓美術館為最多，特別是戲曲故事圖的大罐和梅瓶等，其中尤以「三國演義三顧茅廬圖」的帶蓋梅瓶最為著名（圖5-24，5-25）。

（圖 5-23）元青花魚藻紋大盤（美國紐約大都會美術館收藏）

（圖 5-24）
元青花三顧茅廬帶蓋梅瓶
（波士頓美術館藏）

（圖 5-25）
元青花三顧茅廬帶蓋梅瓶（局部）
（美國波士頓美術館藏）

五、中國本土的元青花收藏

有明確記載的傳世收藏，中國的明清兩代皇宮收藏均未見到。因此中國大陸收藏有眾多的元青花，基本都是一九四七年之後，陸續從考古出土或是建設期間的發現，近四十年間中國各地陸續發現了不少元代窖藏和零星元青花，其中不乏完整的佳器，最著名的有一九六四年的河北保定窖藏和一九八三年的江西高安窖藏。

（一）、考古出土發現

1、一九八零年江西省高安市元代窖藏出土元青花瓷十九件，現藏高安市博物館，這可以說是全世界典型元青花瓷的第三大收藏，其中高達47公分的帶蓋龍紋高頸罐一件、帶荷葉蓋龍紋罐兩件以及帶蓋梅瓶六件，都是元青花瓷中不多見的精品（圖5-26，5-27）。[9]

（圖 5-26）高安市博物館藏元代青花雲龍紋鋪首蓋罐

（圖 5-27）高安市博物館藏元代青花龍紋蓋罐

[9] 窖藏出土的元代瓷器，大多是元代瓷器的頂尖作品。還有兩個帶蓋的青花釉裏紅開光鏤雕大罐，全世界已知的僅存四個。兩個在國外且都缺器蓋。一個在日本，一個在英國。兩個在中國，而且都帶蓋，都是河北窖藏所出土。一個藏於故宮博物院，一個藏於河北博物館。

2、一九六四年河北省保定市永華南路發現窖藏，出土元青花、青花釉裏紅瓷和藍釉金彩器一共九件，現在分別藏於河北省博物館及北京故宮博物院。梅瓶是一種酒器，目前所見的大多數梅瓶器身都是圓形，保定窖藏所出土的一對八稜形的元青花梅瓶，一件有蓋，一件無蓋，帶蓋的一件現藏河北省博物館，無蓋的一件現藏於北京故宮博物院（圖5-28）。

3、從二十世紀六十年代以來，北京元大都遺址陸續出土了一批青花器，其中包括較多的殘破標本，現藏於北京首都博物館（圖5-29）。

（圖 5-28）
元代青花海水白花龍纹八稜带蓋梅瓶
（河北保定窖藏）

（圖 5-29）
元代青花嬰戲鳥食罐 1970 年北京市元大都遺址出土（首都博物館藏）

4、一九八五年江蘇省句容市城東房家壩元代窖藏出土的一對龍紋梅瓶和一件龍紋特大的荷葉蓋罐（圖5-30，5-31）。

（圖 5-30）元代青花龍紋荷葉蓋罐
（句容市城東房家壩元代窖藏出土）

（圖 5-31）元代青花龍紋梅瓶
（句容市城東房家壩元代窖藏出土）

5、北京故宮博物院、上海、南京市、遼寧省、山東省、內蒙古自治區、湖南省、安徽省、江西省、廣東省、新疆維吾爾自治區、烏蘭浩特市等博物館以及江蘇溧水、鎮江金壇縣等文物單位也有少量的出土品和傳世品收藏（圖 5-32，5-33，5-34）。

（圖 5-32）元代青花鳳首鳳紋扁壺
（新疆维吾尔族自治區伊犁哈薩克自治州博物館藏）

（圖 5-33）元代青花開光松竹梅紋八稜罐
（遼寧省博物館藏 馬鞍山徵集）

（圖 5-34）
元代青花折枝牡丹紋梨壺，2004 年內蒙古自治區烏蘭察布盟察右前旗土城子古城窖藏出土（內蒙古文物考古所藏）

6、一九九八年發現的安徽的繁昌窖藏，出土十五件元青花。在安徽地區也出土了幾件重要元青花（圖5-35）。[10]

（圖 5-35）安徽繁昌窖藏所出土之元青花瓷器

7、二零一一年在西安曲江張達夫墓葬出土了一件元青花人物紋匜（圖5-36）。[11]

（圖 5-36）西安張達夫墓葬所出土的元青花人物紋匜

[10] 一九九八年安徽繁昌元代窖藏瓷器，出土十五件元代青花瓷，此外，還出土有霽藍釉瓷、卵白釉瓷、龍泉窯瓷。更為重要的是首次發現的一對宋代官窯瓷器。

[11] 元青花人物紋匜，二〇一一年出土自西安曲江風景線項目發掘十七座古墓葬中的M6。M6出土有墓誌一合，志題位於墓誌上方，由右至左楷書「元故張君達夫墓銘」八字，志文記載墓葬年代為至元五年，應為元惠宗至元五年（一三三九年）。

8、二〇一〇年九月山東荷澤沈船發現，在山東菏澤地區一個建設工地挖掘現場發現一艘古沉船。在對沉船進行了搶救性發掘後，出土了兩件破碎的青花瓷盤，還出土了一件近乎完整的元代青花龍紋梅瓶。同時出土的還有一批罕見的珍貴文物，其中包括陶器、漆器、玉石、瑪瑙、金飾、木尺等，瓷器文物之中有景德鎮、龍泉窯、鈞窯、磁州窯、哥窯等物件（圖5-37）。

（圖 5-37）山東荷澤沈船發現的元青花龍紋梅瓶

9、中國甘肅東部與蒙古人民共和國接壤處的黑水城，是元朝統治下的一個邊陲要塞。一三六八年明洪武建國之後曾經做為元朝的最後國都，一三八〇年以後廢棄。蘇聯的科茲洛夫於一九零八年發現此一遺址，在一九〇九年、一九二六年兩次分別前往採集，獲取書籍、錢幣、佛畫、雕塑等文物之外，還有約兩千片左右的瓷片，其中的五百片青花瓷片，現存俄國的冬宮博物館。[12] 裝飾方法只有白地青花，而沒有藍地留白的裝飾。紋飾主要為蓮池鴛鴦、蓮池圖、十字杵、折枝花卉、如意頭開光花卉、松竹梅、三爪龍紋、飛鳳紋等等，總體看來，與中東的器物風格有所差異，器物風格比較接近元大都的器類，與當時蒙古王朝居住在邊陲地區的上層人士所用器物風格一致。

中國的遼寧省博物館就收藏有一件青花十字杵盤（圖5-38）。部分學者根據黑水城大量元青花瓷標本的發現，推斷元代青花瓷遠銷中東除了海上陶瓷之路外，可能還有一條由北京出發經過遼寧、黑水城、撒瑪律罕至大馬士革的陸上瓷路。

（圖 5-38）青花纏枝花卉十字杵盤（遼寧省博物館藏）

[12] 此一批青花瓷片，許多是碗的碎片，有的胎較薄，直徑以15到20公分較多，盤類極少，只有八個，其中一件大盤殘片直徑達 42公分。

10、南海首次發現元代青花瓷遺存

從二〇一〇年南海水下考古新聞發布會獲悉，由來自北京、海南、福建、上海等地專業水下考古隊員組成的南海水下考古隊，經過三十五天海上作業，發現南海海域，包括西沙群島等海域三十二處的水下文化遺存，並首次在南海海域確認發現元代青花瓷器船貨，彌補了元代貨船在南海實物史料的不足（圖5-39）。[13]

[13] 中新社海口二〇一〇年六月一日（記者付美斌撰稿）：六月一日上午，海南省文物局召開二〇一〇年南海水下考古專案首次新聞發布會。海南特區報記者從會上獲悉，此次南海水下考古成果豐富取得重大發現，首次在南海水下確認元代青花瓷器的發現。

（圖 5-39）南海地區的西沙群島所出水元青花殘片

11、景德鎮落馬橋窯址

一九八零年景德鎮陶瓷考古研究所進行了一次搶救性發掘清理，其中發現一些重要元代遺物，主要有青花瓷、青白釉瓷和卵白釉瓷等。青花瓷以小件為多，瓷胎略粗，品類豐富，有「頭青」、「戴彩」字樣的試火窯具和有八思巴文的殘缽和「辛巳」二字的元青花瓷片等。從二〇一二年十一月開始再度對景德鎮盜掘嚴重的落馬橋窯址進行搶救性挖掘，至二〇一三年年底完成發掘整理工作，出土了大量的元代樞府瓷和青花瓷。從模印和青花彩繪五爪龍紋的產品來看，該窯址應該在元代是景德鎮浮梁磁局管轄之下的一處重要窯場（圖5-40，5-41，5-42，5-43，5-44，5-45，5-46）。[14]

（圖 5-40）青花菊紋鳥食罐，1980 年景德鎮落馬橋元代遺址出土（景德鎮考古所藏）

（圖 5-41）落馬橋出土元青花殘碗

（圖 5-43）落馬橋殘片局部

（圖 5-44）落馬橋殘片局部

（圖 5-42）落馬橋窯址出土的試火窯具

（圖 5-45）落馬橋殘片局部

（圖 5-46）
1980 年江西省景德镇市落馬橋元代窑址出土（景德鎮考古所藏）

14 二〇一二年，位於江西省景德鎮市落馬橋的紅光瓷廠重組改建時，發現部分廠區盜掘現象嚴重。二〇一二年景德鎮市陶瓷考古研究所聯合北京大學考古文博學院對窯址進行了搶救性考古發掘。

（二）、香港地區收藏

香港葛士翹家族的天民樓收藏二十四件以上的元青花瓷，具有典型的葵口、圓口大盤，最大直徑達四十九公分以上，也有帶蓋梅瓶、魚藻罐、大碗、玉壺春瓶、高足杯、蓋盒等等。[15]天民樓的元青花收藏是目前全世界最大的私人元青花收藏（圖5-47）。

除此之外，在香港等地還有一些值得重視的私人收藏，如金氏的「靜樂軒」的收藏等。

（圖 5-47）元青花纏枝牡丹紋梅瓶（天民樓藏）

15 一九九三年，上海博物館曾經舉辦「天民樓青花瓷特展」，一次展出青花瓷一百二十七件，其中元代青花二十四件，明代青花五十七件，清代青花四十六件。

六、亞洲地區元青花瓷收藏

（一）、臺灣地區元青花收藏

有數件元青花瓷分散在各菁英藏家，包含臺北的鴻禧美術館已發表的元青花瓷收藏（圖5-48）。

（二）、日本的元青花收藏

日本的元青花收藏主要在各公、私博物館中，如大阪市立東洋陶瓷美術館、大阪萬野美術館、東京出光美術館、松岡美術館、梅澤紀念館、掬粹巧藝館、MOA博物館等。擁有高頸罐、大罐、八角梅瓶、各類梅瓶、玉壺春瓶及大盤、大碗等典型元青花器，總計有三十六件之多（圖5-49，5-50，5-51，5-52、5-53）。

16

（圖 5-48）元青花人物故事罐（臺灣私人藏）

（圖 5-49）元代纏枝牡丹紋青花罐（日本東京博物館藏）

16「掬粹巧藝館」在日本川西町東置賜郡山形縣。

（圖 5-50）元代纏枝牡丹紋青花高頸瓶（日本松岡美術館藏）

（圖 5-51）元代青花雲肩雙龍戲珠紋四系扁方壺（日本出光美術館藏）

（圖 5-52）
元青花昭君出塞罐（東京出光美術館藏）

（圖 5-53）
元代青花百花亭大罐（日本万野美術館藏）

（三）、東南亞的元青花收藏

1、菲律賓多年來不斷有元青花發現的訊息， 但是有一部分似乎已經進入國際藝術市場。

在十四世紀運銷至菲律賓的元青花瓷，似乎應該是以菲律賓地區所慣用的器物為主。

菲律賓的莊良女士（Tan, Rita C.）和 LARRY GOTUACO、ALLISONI DIEM 三位專家學者合力編輯的《菲律賓發現的中國和越南青花瓷》一書，發表了菲律賓發現的主要元青花瓷，其中有多稜梅瓶、庭院蓮池鴛鴦大盤（48.7公分）、荷葉蓋魚藻紋大罐以及多件大盤、碗、玉壺春瓶、軍持、高足碗、瓢形壺及執壺、小罐等等（圖5-54）。

從整體發現的情況看，不見藍地白花裝飾的技法、印花與青花並用的技法、滿繪和圖案形的裝飾。大盤中沒有發現運用如意頭開光的紋飾。紋飾主要是魚藻、花卉、飛鳳、走獸紋以及庭院蓮池的圖案。

（圖 5-54）
Tan, Rita C.、LARRY GOTUACO、ALLISONI DIEM
三位專家學者合力編輯的《菲律賓發現的中國和越南青花瓷》

2、印尼的發現和收藏

印尼與非律賓不同之處，在於印尼是海上陶瓷之路的主要轉口港，元青花瓷除了供當地使用之外，主要是轉運到中東和非洲地區。

在印尼東爪哇，沙勞越南部、中部的 Maluku 的 Halmahera 島等地，曾經陸續有元青花瓷出土，其中除了大量的非典型元青花的香料罐等小件器具之外，也有極為精緻的典型元代青花瓷，如發現於 Halmahera 島、現藏雅加達國家博物館（口徑 46.5 公分）的雜寶如意頭開光大盤，以及發現於沙撈越南部、現為 Adam Malik 藏品的蓮池盤和軍持等。

印尼所發現的元青花瓷器大部分歸屬於私人藏家，因此有相當數量元青花流入國際藝術市場，事實上，在印尼所發現的一件元青花，已經流入日本，現藏於日本東京出光美術館。

印尼出土了大量的元青花瓷標本，特別是爪哇島東部和沙撈越南部，其裝飾有藍地白花、藍地留白、印花青花並用等手法，器型既有中東多見的大盤等，也有中東不見的小瓶、小碗、小罐和玉壺春瓶等。在圖案以蓮池、蓮池鴛鴦、如意頭開光花卉、雜寶等，龍紋則發現有四爪龍紋，束蓮紋為常見紋飾，上海博物館就徵集了一件來自印尼的藏品（圖 5-55）。

在東爪哇曾發現一片滿繪蓮花及典型葫蘆形蓮葉大盤殘片，帶有阿拉伯字母，它和原伊朗阿特別爾寺以及美國哈佛大學薩格拉博物館藏品中帶有阿拉伯字的大盤相似，以上發現可以證明，此地元青花有許多都是當時波斯所訂燒的物件。

有學者認為，印度尼西亞的莫佐克托（惹班）是出土元青花數量全球占有量最高的地區。一些知名的博物館，像是日本的出光美術館，還有一些收藏家的收藏，追根溯源都是來自於印度尼西亞。印度尼西亞東爪哇（East Java）的 Trowulan 地區，在古代是一個相當富裕的地區，推論應該是訂購元代青花瓷器的主力消費國之一。至今印尼仍有許多元代青花瓷器陸續通過打撈公司的發掘而出水（圖5-56）。[17]

日本出光美術館所典藏的發現於印尼的元青花雙龍紋扁瓶，也在伊朗的阿特別爾寺及土耳其伊斯坦堡的收藏之中發現相同風格之器物，證實了印尼在當時元代國際瓷器貿易的轉口地位（圖5-57）。

（圖 5-55）元代青花蓮池套盒（上海博物館藏）

（圖 5-56）2006 年在印尼東爪哇 Trowulan 所發現的元青花殘片（美國波士頓美術館藏，Steve and Barbara Gaski 捐贈）

（圖 5-57）
元代青花雲肩雙龍戲珠扁方壺（日本出光美術館藏）

[17] Trowulan 是現在印尼共和國爪哇州 Mojokerto 縣的 Trowulan 遺跡所在，Trowulan 是十四到十五世紀 Majapahit（滿者伯夷）王朝的首都，聚集了許多貴族與富有人家，當時印尼是越南青花瓷的重要出口地，也是國際貿易的轉口站，在以印尼諸島為中心的東南亞各地以及日本、中東、近東、東非、埃及等地均有出土提供貿易輸出的青花陶瓷。

3、泰國的元青花收藏

泰國地區亦有近十件精美的元青花瓷器，藏於其境內的博物館和寺廟機構，數量雖然不多，但是部分藏品的器形和紋飾乃是元代青花瓷器的孤品。經過調查得知，這些元青花都是自一九六五年以來，從泰國境內的皇宮遺址和佛教寺廟中先後出土，因為這些元青花在出土後被當作神物供器，很少公開展示，一直到近年才開始公開展覽。

根據網路報導，泰國素可泰博物館（Sukhothai）收藏的一件元青花纏枝牡丹紋撇口荷葉蓋罐彌足珍貴。[18]一般元青花罐類的罐口多為直口，但是此罐的撇口相當稀有，荷葉紋飾和造型的器蓋，更是別具風格。[19]

全器紋飾多達七層之多，主體紋飾為纏枝牡丹紋和飛鳳蓮花紋。荷葉形蓋、撇口、底足部位分別繪荷葉紋，紋飾屬於典型的密集式構圖，透明釉略泛青色，青花發色藍偏灰而不艷，層次感強，濃重處有聚集大小不等的鐵銹斑點。為西亞進口蘇麻離青料的特色（圖5-58）。

18 素可泰是昔日泰族稱強時期的首都，自一二五七年到一四三六年這段期間，在歷史上稱為「素可泰王朝」。

19 此罐高約39公分，撇口、溜肩、鼓腹、淺圈足。肩部有貼塑器耳。

（圖 5-58）元纏枝牡丹紋荷青花葉蓋罐（泰國素可泰博物館藏）

根據網路報導，泰國大城博物館（Ayutthaya Museum）也收藏有元青花纏枝牡丹雜寶獸耳大罐，其器型端莊厚重，與安徽省蚌埠博物館所藏，出土於明代大臣湯和墓的元青花纏枝牡丹雜寶獸耳大罐相互比較之下，無論是器形大小、紋飾繪畫、青花發色都很相似，只是泰國大城博物館的大罐為無蓋的物件（圖5-59）。[20]

[20] 主體紋飾七層：蓋沿飾錢紋一周；頸為波濤紋；上肩繪蓮辦紋一周，蓮辦內填繪有道家雜寶法器；下肩繪纏枝蓮紋，間貼塑兩個獸面耳；腹部主體繪纏枝四季花卉；腹下繪忍冬紋一周；最下繪仰蓮辦紋一圈。此罐通高約47公分，小口、直唇、高頸、斜寬肩、鼓腹，矮圈足。肩腹無明顯界限，肩置對稱雙獸面耳。整個器物造型端嚴古樸，通體以青花繪有七層紋飾。

（圖 5-59）元代青花纏枝牡丹紋高頸罐（泰國大城博物館藏）

這件青花纏枝紋大罐紋飾富麗精工，青花發色藍而亮麗，鐵銹斑凝結下沉，有大小斑點，是典型的「寶藍色」蘇麻離青料呈色。畫工老練、瀟灑而流暢。

根據網路報導，泰國的一家寺廟也收藏一件元青花八棱開光花卉卷草紋帶蓋獸耳大罐，器形端莊秀麗，與遼寧省鞍山博物館所藏元青花八棱開光花卉卷草紋帶蓋獸耳大罐同類，都是屬於八棱罐系統。除了在器形、紋飾、青花發色、帶蓋等等有細微差別之外，其他都很相似（圖5-60）。[21]

[21] 此罐高約40公分左右，八稜，小口，直唇，高頸，斜寬肩，鼓腹，矮圈足。肩置對稱雙獸面耳。通體以青花繪有主體紋飾五層：頸部纏枝菊花紋，上肩繪纏枝蓮紋一周，間貼塑兩個獸面耳；腹部主體卷草紋中繪菱形開光四季花卉；最下繪仰蓮瓣紋一周；蓋飾蓮瓣紋，蓋沿飾錢紋，青花濃重處有鐵銹斑凝結下沉，紋飾精美，青花發色深藍。

（圖5-60）
泰國的一家寺廟所收藏的元青花八稜開光花卉卷草纹帶蓋獸耳大罐

根據網路報導，在泰國境內的南綁地區，也曾經出土比這件更加精美的青花開光花卉卷草紋帶蓋龍耳八棱大罐，很可惜在一九六五年泰國社會動亂中遺失（圖5-61）。

（圖 5-61）泰國南幫地區出土的元青花八棱高頸罐

4、印度收藏

目前世界公認的元代青花瓷器擁有量排行第一的是土耳其托普卡比皇家博物館的收藏，至今為止，已發表了40件，從數量上說，或從質量上看，都是全世界第一大收藏。其次是原伊朗阿特別爾寺（現在為國立德黑蘭博物館）的收藏，擁有32件，是全世界典型元青花瓷的第二大收藏。

上個世紀七〇年代艾倫・司馬爾特博士（Dr. Ellen S. Smart）在英國東方陶瓷學會。首次將印度德里皇宮出土中國元青花公佈於世。美國學者史帝夫・加司欽（Steve Gaskin）在二〇一七年以講座方式在江西景德鎮發表演講，講述印度德里皇宮所出土中國元青花情況。[22]

印度老德里位於印度德里直轄區，印度托古拉古（Tughlaq）宮殿遺址是二十世紀七〇年代以來元青花瓷標本的一次重要發現。[23]所發現的72件標本，其中44件青花盤、23件青花碗、5件青瓷。沒有發現瓶、壺、罐之類的琢器，從品相看來，應該是屬於宮廷的食用器皿。[24]

印度德里皇宮遺址所發現的元青花雖然數目龐大，但是由於都是殘件，而且早期印度所發表的檔案照片都是黑白照片（圖5-62），所以常常被研究者所忽略。以前的學術界一直認為元青花主要針對伊斯蘭地區進行銷售，但是後來的考古發現，陸續證明東南亞以及南亞地區，印度應該也是重要的銷售地。

這批印度德里蘇丹國時期皇宮花園裡發現的元青花標本，多為大盤，紋飾多樣，為研究元青花瓷器提供了很好的資料。二〇一二年，美國新英格蘭亞洲藝術學會的主席史帝夫・加司欽（Steve Gaskin）專程前往德里考察這批元青花瓷器，目前已經發現的瓷片並沒有拼出一件完整器，他推測花園的地下還有沒發現的碎瓷（圖5-63）。

印度所發現的元青花之中，最多見到的紋飾是蓮池鴛鴦，此外還有魚藻紋、束蓮紋、多層次滿繪花卉紋、雜寶紋、瓜果、竹石、芭蕉、蓮花雙鳳紋、蓮池、瓜果竹石、芭蕉麒麟、如意頭開光花卉、庭院孔雀、如意頭開光飛鳳紋、菊花飛鳳紋、蓮花菱形開光菊紋及邊飾雜寶紋等等，基本上和中東地區藏品一致（圖5-64，5-65，5-66，5-67，5-68，5-69，5-70）。

（圖 5-62）印度早期所發表的元青花照片以黑白為主

（圖 5-64）印度皇宮所出土的元青花殘片

（圖 5-63）印度德里 Firoz shah Kotla（舊皇宮）的花園遺址

22 史帝夫・加司欽（Steve Gaskin），市場管理學專家，一九八三年畢業於美國麻省理工學院斯隆管理學院，碩士論文獲最佳布魯克斯獎，一九九五到二〇〇一年擔任美國波士頓美術館之友主席，二〇〇〇年至今擔任美國新英格蘭亞洲藝術協會主席，二〇一五年在《Orientations》雜誌上發表關於元青花水波紋的研究。

23 根據報導，印度所發現的72件標本，其中有44件青花盤，23件青花碗，5件青瓷。沒有瓶、壺、罐之類的琢器。

24 印度德里皇宮遺址出土龐大數量元青花近80件殘器，基本是盤碗。在裝飾方法上有白地青花、藍地留白、印花與青花相結合等技法，最小的盤直徑在24.2公分，最大的52公分。最大的碗徑40.6公分，一般器物的直徑多數在26到30公分之間。

（圖 5-65）印度皇宮所發現的元青花殘件

（圖 5-66）印度所發現的殘片

（圖 5-67）印度所發現的元青花殘片

（圖 5-68）印度所發現的元青花殘片

（圖 5-69）印度所發現的元青花殘片

（圖 5-70）印度所發現的元青花殘片

第陸章　元青花的市場區隔與藝術風格

引言

元代青花曾經行銷全世界，其所代表的意義在於中國的瓷器在中古時代是一項全球化的商品，中國的瓷器窯廠不論是在江西景德鎮或是浙江龍泉地區，做為當時的世界工廠，供應全世界的瓷器用品，其生產方式早已經具備現代工業的一貫化作業模式，瓷器生產的流程之中，不僅各有專業的工匠各司其職。其器型與紋飾也會因為市場的不同而產生風格上的變化。我們從現存的元代青花來觀察，也發現到各地的元代青花瓷器在器型與藝術風格上的確存在著許多差異。

我們可以推論，景德鎮的元青花生產，由於面向國外市場和國內市場的不同，而產生至少三種不同設計模式的品種，分別發現於中東地區，東南亞地區以及中國大陸地區。

一、從器型觀察

（一）、中東地區常見體型碩大的盤、碗、瓶類的器物，國內存世少見（圖6-1）。

（圖 6-1）元代青花開光花鳥草蟲八稜葫蘆瓶（托普卡比博物館藏）

（二）、器型較小的玉壺春瓶、小盤、小碗、高足杯、出戟觚、執壺、蓋盒、盞托等，國內存世品常可以見到，應該主要是為中國國內市場而生產（圖6-2）。

（三）、胎質粗糙、圖案簡單、青花色澤灰暗的小件香料罐，應該是專門為東南亞菲律賓、印尼等地市場需求所生產（圖6-3）。

（四）、梅瓶、多稜瓶、扁壺、高頸罐、魚藻罐等琢器則是在國外、中國國內市場也都曾經發現（圖6-4）。

（圖 6-3）
外銷東南亞的裝香料的小形青花罐

（圖 6-4）元代青花纏枝牡丹穿花鳳獸耳罐（上海博物館藏）

（圖 6-2）元代青花「昭君出塞」高足杯（武威市博物館藏）

二、從紋飾觀察

國外、國內市場的產品也有所不同。許多紋飾與題材，不僅是景德鎮獨創，更是來自於其他地區的藝術家或是工匠的交流。

現在學界逐漸發現，可以確定元代景德鎮的瓷匠不少是來自南宋時代晚期江西吉州窯的所在地。南宋後期吉州窯的許多藝術畫風和主題以及器型，在元代景德鎮青花瓷上相當常見（圖6-5）。

（圖 6-5）元代青花雲肩水波蓮花紋玉壺春瓶
（美國波士頓博物館藏）

（一）、中東所見滿繪雜寶紋以及多層次、華麗繁複紋樣設計的大盤不見於中國國內（圖6-6）。

（圖 6-6）元代青地白花纏枝花卉紋菱口盤（大英博物館藏）

（二）、國內市場多見的戲曲人物故事圖紋樣，不見於中東及東南亞的外銷品。

（三）、花卉、瓜果竹石、蓮池鴛鴦、魚藻及走獸和龍紋、鳳紋等紋樣在中國國內、海外市場都可以見到。

（四）、比較精緻繪製的瓜果竹石、走獸圖以及精細的庭院景色、蓮池鴛鴦和禽鳥圖僅見於海外收藏，不見於中國國內出土（圖6-7）。

（圖 6-7）元代青花雉雞竹石花果紋盤（英國維多利亞與亞伯特博物館藏）

（五）、外銷東南亞的青花，紋樣簡單，以寫意畫法為多，筆法草率而簡略（圖6-8）。

（圖６８）外銷東南亞的元代青花殘片

中東常見的大盤，往往以大面積的藍地留白和白地青花並用技法製作，在中國國內的器物較少見。在印度及中東器物上常見的陽紋印花與青花並用的技法，也少見於供應國內市場的器物（圖6-9）。

（圖 6-9）元代陽紋纏枝牡丹青花鳳紋蕉葉大盤局部（德黑蘭博物館藏）

四、從整體風格觀察

一般而言，畫工精緻、品質優良的元青花主要是供應給國外高級客戶，而一般的元青花則供應國內市場所需。有學者認為，為國外市場生產優質產品可能在時間上要早於國內市場。亦即是說，景德鎮是為了中東伊斯蘭地區的需要，先行生產出優質的元青花器物供應國外高級客戶，其後才逐漸生產一般物件普及於國內市場與東南亞市場。

元代青花瓷之中的畫工精緻的高級器物主要是用於外銷，而國內市場的器物的總體品質不如外銷中東的器物。

元青花的生產與行銷，可能是一個先外銷而後內銷的過程，從現存英國倫敦大衛德基金會的一對至正十一年款象耳瓶，可以知道至正十一年（一三五一年）景德鎮元青花的生產水準與藝術風格。而在韓國新安海底沉船之中，[1]多數為影青與龍泉瓷器，未見任何元青花瓷，以及上海至正年間任氏墓群之中不見元青花出土，[2]可以推斷景德鎮元青花瓷的出現，應該是在一三二三年到一三五一年之間出現，初期是以海外市場為主，可能在至正年中晚期以後，才逐步行銷國內市場。

韓國新安海底沉船之所以不見元青花，應該是當時的高麗與日本市場還沒有青花瓷的需求，此船的年代推估是十四世紀早期，大約一三二三年前後（遺存之中有木牌上保留「至治三年（一三二三年）」的墨蹟），而在日本福井、京都、沖繩與和歌山等地所出土的標本之中也不見中東型的實物，而中國國內市場則可能在至正年間才開始逐漸盛行青花瓷。

1 一九七五年新安海域發現，一九七六年開始打撈，從沉船的遺物可知，此船是十四世紀早期，大約一三二三年前後（遺存之中有木牌上保留「至治三年」的墨跡），從中國的慶元（寧波）出發前往日本的國際貿易商船，途中可能因颱風等原因，最終沉沒在高麗的新安外海。沉船及其遺物的打撈、發掘，充分說明瞭當時東亞貿易交流的情況。

2 任氏家族墓出土有任明墓志，據墓志記載，任明「字彥古，號雲山。後來過繼於姑家，遂改姓於陳氏。生於元世祖至元二十三年（一二八六年），卒於元惠宗至正十一年（一三五一年）」。任氏墓地出土的瓷器計有南宋官窯、景德鎮青白瓷和卵白釉瓷，以及龍泉青瓷。

五、探討元青花稀少原因

比起其他民間窯場所製作的瓷器品種，典型風格元青花的數量確實少見，不僅僅在於其物件較大，保存不易的原因，也在於典型元青花其銷售的對象是以上層社會為主，產量稀少，除此之外，其市場的流向以國外為主，加上其製作的精細程度、生產的時間較短等等原因。都使得其存世量相當稀少。歷年來的國際拍賣會上，元青花的價格不斐，從一九六零年代以後，隨著大家對其藝術與歷史價值的肯定，市場價格從百萬價格到現在的億元水平（附表6-1）。

附表 6-1 元青花歷年重要拍賣成交紀錄

序號	品名	圖檔	成交價	拍賣公司
1	印花纏枝牡丹魚藻紋大盤		997.41 萬港幣	佳士得 香港 (2002)
2	元青花龍紋扁壺		583.15 萬美元	紐約朵爾拍賣行美國紐約舉辦的拍賣會 (2003 9/16)
3	紋獸耳大罐		958.375 萬港幣	佳士得 香港 (2003 10/27)

序號	品名	圖檔	成交價	拍賣公司
4	纏枝牡丹紋 雙魚耳大罐		2329.9 萬港幣	佳士得 香港 (2004 4/26)
5	元青花 浮雕白龍紋罐		314.4 萬英鎊	2005 年倫敦 蘇富比秋季拍賣 會
6	元青花 「鬼谷子下山」 青花大罐		約 1568.8 萬英鎊 （含傭金）	倫敦 佳士得 (2005 7/12)
7	「錦香亭」 青花大罐		4200 萬港幣 （落槌價）	佳士得 (2005 11/28)

序號	品名	圖檔	成交價	拍賣公司
8	元青花 葫蘆紋葫蘆瓶		344.5 萬英鎊(約 5010 萬人民幣)	Salisbury 的拍賣公司 Woolley&Wallis 拍賣專場 (2005 7/15)
9	纏枝牡丹紋大罐		472 萬美元	紐約蘇富比 (2006 3/30)
10	歲寒二友 鹿銜靈芝大罐		2225.6 萬港幣	香港佳士得 (2006 5/30)

序號	品名	圖檔	成交價	拍賣公司
11	魚藻紋折沿盤		1468 萬港元	香港 佳士得 (2006 11/28)
12	元青花 龍紋四系扁瓶		9790 萬元 人民幣	北京 中嘉秋拍 (2007 11/11)
13	纏枝牡丹海馬圖 獅鈕蓋罐		2045.475 萬港幣	香港 蘇富比 (2008 4/11)

（一）、元青花主要是以外銷出口爲主

目前全世界研究元青花的時間相對短暫，可借鑒的資料極為有限，這種情況也讓許多收藏者無法有系統地辨別元青花的真偽。為何中國國內的典型元青花稀少，其原因是元青花瓷製作主要是用於外銷。近幾十年來東南亞打撈的沉船，以及近年紅海和東非出水的數量更大。

中國國內的元青花主要是一些明代墓葬出土和三個窖藏發現。它們是高安窖藏、保定窖藏和九〇年代發現的繁昌窖藏（15件）。由於窖藏的發現，可以知道製作精美的元青花在當時已經成為富貴人家所關注並加以收藏的標的（圖6-10）。

（圖6-10）青花雲龍紋高足杯（繁昌博物館藏）

（二）、繪有人物故事的元青花數量稀少

在全球目前僅有的約三百多件典型元青花瓷完整器之中，目前依據保守的估算有十九件繪有歷史人物故事圖像，其中大罐十件，梅瓶兩件，玉壺春瓶四件，高足杯一件，匜一件，盒一件，目前中國地區僅藏有九件，分別藏於陝西、甘肅、江蘇、廣西、湖南、湖北、廣東的博物館，其餘收藏在國外公私立博物館與私人藏家手中（附表6-2）。

附表 6-2　存世元代青花歷史人物故事圖器物收藏一覽表

編號	品名	尺寸	來源	收藏地
1	「蕭何月下追韓信」梅瓶	高：44.1 公分	1959 年南京江寧縣殷巷將軍山沐英墓出土	南京市博物館
2	「四愛圖」元青花梅瓶	高：38.7 公分	2006 年出土於湖北省鐘祥市明代郢靖王墓	湖北省博物館
3	「尉遲恭單騎救主」元青花罐	高：30 公分	1980 年廣西橫縣農業技術推廣中心土肥站在四官嶺上修建培訓大樓挖掘地基發現	廣西橫縣文物管理所
4	「鬼谷子下山」青花罐	高：27.5 公分	20 世紀初荷蘭人範·赫默特男爵（Haron van Hemert tot Dingshof）在中國購得	2005 年 7 月 12 日倫敦佳士得拍賣以 1400 萬英鎊的價格成交（人民幣 2.3 億多元）由英國古董商埃斯肯納吉（Eskenazi）購得
5	「逞風流王煥百花亭」青花罐	高：26.7 公分		日本萬野美術館
6	「三顧茅廬」青花罐	高：27.6 公分		美國裘格瑟斯基金會

編號	品名	尺寸	來源	收藏地
7	「昭君出塞」 青花罐	高：28.4 公分		日本出光美術館
8	「周亞夫屯兵細柳營」 青花罐	高：27.7 公分		日本安宅美術館
9	「西廂記」 青花罐	高：28 公分		亞洲私人
10	「孟月梅寫恨錦香亭」 青花罐	高：26.7 公分	【錦香亭圖】人物故事罐 2005 年佳士得秋拍成交價 6,062,000 美金	美國陳得福
11	「車象人物紋」 青花罐	高：34 公分	1958 年長武縣文物單位入藏此一物件，2009 年公佈。	陝西省咸陽市長武縣博物館
12	「尉遲恭救主」 青花罐	高：27.8 公分		美國波士頓美術館
13	「蒙恬將軍」 玉壺春瓶	高：30 公分		湖南省博物館
14	「陶淵明攜琴訪友」 玉壺春瓶	高：30.3 公分		廣東省博物館
15	「人物圖」 玉壺春瓶	高：27.5 公分	198 年江西省上饒市北門鄉東瓦窯村元代墓葬出土	江西上饒市信州區博物館
16	「人物圖」 玉壺春瓶	高：27.5 公分	197 年湖北省崇陽縣大源公社持久大隊出土	崇陽縣博物館
17	「趙抃入蜀」 匜	高：27.5 公分 口徑：14 公分 底徑：9.8 公分	201 年陝西省西安市曲江新開門村張達夫墓（元後至元五年，1339）出土	西安市文物保護考古研究院
18	「昭君出塞」 高足杯	高：8.9 公分	200 年甘肅省武威市涼州區南大街 131 號軍分區窖藏出土	武威市博物館
19	「道教人物」 六稜蓋盒	高：7.7 公分 口徑：9 公分 底徑：8 公分		英國大英博物館

1、「蕭何月下追韓信」梅瓶

元末明初蕭何月下追韓信青花梅瓶，一九五九年南京江寧縣殷巷將軍山沐英墓出土。墓室主人沐英是明代開國功臣。此一梅瓶很有可能是一件戰利品或是洪武皇帝賞賜給沐英的禮物。

景德鎮窯燒造，胎質潔白細密，釉質純淨，青花以進口蘇泥勃青料繪製。無蓋，小口，近底部外撇，平底。造型端莊挺秀，腹部繪製「蕭何月下追韓信」歷史故事，並以松、竹、梅、芭蕉、山石為背景，形象生動地展開了一幅歷史畫卷。畫面之外配有五組紋飾帶，整個梅瓶裝飾繁複，紋飾帶布局疏密有致，是元末明初青花瓷器中的精品（圖6-11）。

蕭何月下追韓信梅瓶，一九五九年出土於南京市江寧縣牛首山的洪武二十五年（一三九二年）沐英墓，是由於被盜墓賊所盜取，經追查之後被追回，現藏於南京市博物館。

（圖 6-11）元代青花「蕭何月下追韓信」梅瓶
（南京博物館藏）

2、「四愛圖」元青花梅瓶

現藏於湖北博物館的元青花四愛圖梅瓶是二〇〇六年出土於湖北省鐘祥市明代郢靖王墓。墓主郢靖王朱棟是明太祖朱元璋第二十三子，生於洪武二十一年（一三八八年），洪武二十四年（一三九一年）冊封為郢王。

所謂「四愛圖」，即王羲之愛蘭，陶淵明愛菊，周敦頤愛蓮，林和靖愛梅；此一梅瓶以開光方式構圖，在每一開光的空間裡，將四位歷史上著名的學者、藝術家或是隱士愛花的典故具體描繪出來。梅瓶足部飾仰覆蓮紋。三層紋樣以卷草紋、錦帶紋為界。白釉泛青，青花發色青翠而艷麗（圖6-12）。

（圖 6-12）元青花「四愛圖」梅瓶
（湖北省博物館藏）

3、「尉遲恭單騎救主圖」元青花罐

一九八〇年廣西橫縣農業技術推廣中心土肥站計劃在四官嶺上修建一棟培訓大樓，在離地表1.2公尺深的地層發現。

罐身自口至底圖案依次為纏枝花卉、纏枝牡丹、主題紋飾、變體蓮瓣紋。主題紋飾共繪有七位不同身份的人物。在祥雲彩鳳引導下，山石後一人揮鞭騎馬而來，他頭戴雙翅朝天襆頭，身著長袍繫雙玉帶，帝王裝束，神態冷靜，其身後為一戴冠長鬚武將，左手攬轡，右手執鋼鞭，縱馬疾馳。後為山石，有三個執矛披甲士兵緊隨在後。畫面另一側為兩人對戰，一人頭戴束髮小冠，手執鋼叉，回身招架；另一人手執長矛，在其後緊緊追趕（圖6-13）。

此罐發現之後，曾經被忽略而放置了七年之久。一九八九年橫縣文物管理所向民間徵集文物，橫縣文物管理所所長黎之光發現此一文物，將資料傳給南京陶瓷學者張浦生鑒識，獲得肯定之後，隨即建議廣西有關單位向國家申請進行一級文物定級鑒定。一九九一年被確認為國家一級文物，現藏於廣西自治區博物館。

（圖 6-13）「尉遲恭單騎救主」青花罐
（廣西博物館藏）

4、「鬼谷子下山」青花罐

根據網路報導，瓷罐是二十世紀初荷蘭人範・赫默特男爵（Haron van Hemert tot Dingshof）在中國購得。當時正值第一次世界大戰，他在一九一三到一九二三年十年期間在荷蘭海軍服役，被派駐北京擔任荷蘭使節護衛軍司令，且負責德國及奧匈帝國等使節及領地的安全。赫默特愛好收藏，尤其對於中國瓷器的喜愛，可以從他當年北京舊宅的相片上窺見。他購買此罐之時，元青花的研究尚處在懵懂階段，因此他一直認為是明代青花大罐。自一九一三年以來，在這個家族之中流傳四代之久。近幾年來，佳士得公司兩度登門造訪，才發現這件珍稀無比的瓷器。

二〇〇五年七月十二日在倫敦佳士得進行的「中國瓷器及藝術品」拍賣中，此一元青花人物故事大罐以一千四百萬英鎊的價格成交，折合人民幣約2.3億元，締造了當時中國瓷器的最高價格。

鬼谷子下山典故，原出自《戰國策》，[3]戰國時期燕國和齊國交戰，為齊國效命的孫臏　敵方所擒，他的師父鬼谷子率領　人下山前往營救的歷史典故，亦即是此一大罐所描繪的故事。鬼谷子坐在由獅與虎共拉的兩輪車上，前有兩持槍兵卒做為前導，後面跟著兩個騎馬的人，其中一個騎馬武將手擎一面寫有「鬼谷」兩字的旗幟（圖6-14）。

[3] 鬼谷子，戰國時期著名隱士、教育家，被喻為縱橫家之鼻祖，有蘇秦、張儀、孫臏與龐涓數個叱吒戰國時代的傑出弟子。

（圖6-14）「鬼谷子下山」青花罐（英國私人收藏）

5、「百花亭」青花罐

百花亭的題材取於元代無名氏所著《逞風流王煥百花亭》，「逞風流王煥百花亭」故事之中的書生王煥，生性風流。清明時節，王煥前往百花亭遊春，途中對著名娼妓賀憐憐，一見鍾情，兩人共結連理。其後，將軍高邈亦對賀憐憐有意，強力趕走王煥，逼賀憐憐下嫁於他。賀憐憐用首飾，資助王煥，讓他去西延邊關從軍立功，王煥投延安府鎮西夏立功榮歸，升為西涼節度使，告發高邈盜用官錢買妾等罪行，奪回愛人賀憐憐，兩人重新團聚（圖6-15）。

（圖6-15）「百花亭」青花罐（日本萬野博物館藏）

6、「三顧茅廬」青花罐

三顧茅廬是著名的歷史故事，三國時期徐庶給劉備推薦諸葛亮，劉備和關羽、張飛等三人親自到臥龍岡拜見諸葛亮，前兩次都沒見到，第三次終於見到諸葛亮，誠心請諸葛亮下山相助。

罐腹一側，畫了諸葛孔明身穿長袍，頭包軟巾，坐在蒼松下的山石之上。頭梳雙髻的童子手捧書匧侍立一旁，左前方一雙髻童子正傾身稟告。畫面的另一側，有一枝繁葉茂的垂柳。樹下劉備戴襆頭，著長袍，躬身拜謁。關雲長和張飛在一邊竊竊私語。

畫工技術一流，景物布局安排合理，圖案密而不亂。青花發色呈現典型蘇麻離青料特徵，頸部折枝花，肩部繪石榴折枝花，腹部紋飾為三顧茅廬人物故事，下腹部為卷草文，近足部為變體蓮瓣紋，釉色光潔，胎骨堅硬（圖6-16）。美國波士頓博物館收藏有同一題材的青花帶蓋梅瓶，畫面有所變化。

（圖 6-16）「三顧茅廬」青花罐
（美國裴格瑟斯基金會藏）

7、「昭君出塞」青花罐

漢元帝在位年間，匈奴單于侵犯西域各國，還殺了漢朝派去的使臣。公元前三十三年呼韓邪單于親自到長安，要求和漢朝結親。漢元帝徵求後宮宮女意願，宮女王嬙（王昭君）願意到匈奴和親。王昭君到了匈奴，上自單于，下至百姓都喜歡她，使得匈奴和漢朝和睦相處了六十多年沒有戰事。

此罐畫面描繪了昭君「出塞」漫漫旅途中的場景，王昭君懷抱琵琶，遙望遠方。整體構圖疏密有致，畫工精緻，用筆細膩（圖6–17）。

此罐胎質細膩，釉質白潤，是元青花人物故事瓷器之中的精品。

（圖 6-17）「昭君出塞」青花罐（日本出光美術館藏）

8、「周亞夫屯兵細柳營」青花罐

描繪西漢名將周亞夫在屯兵細柳營時，漢景帝慰勞士兵的一段佳話。西漢時期，匈奴入侵邊關，漢文帝以河內郡守周亞夫為將軍，駐守細柳（今陝西咸陽西南）。三軍警備，以防匈奴入侵。周亞夫是西漢名將，治軍極其嚴格。在他屯兵細柳營時，馬不離鞍，士不卸甲，隨時準備戰鬥。漢文帝為鼓舞士氣，親自去慰勞軍隊，到了細柳營，營中將士個個抱堅持銳，呈現備戰狀態，雖見到漢文帝車馬於帳營之外，也沒有打開營門，只聽守衛軍報告：「將軍有令，軍中只聽將軍命令」，漢文帝對此嚴整的軍備大加讚許。

此罐一面描繪周亞夫獨坐軍中大帳，旁邊站著持劍的軍士和手持「周亞夫」旗幟的士卒；在此罐的另一面則描繪漢景帝和隨從被擋駕在營門外等候開門的景況（圖6-18）。

（圖6-18）「周亞夫屯兵細柳營」青花罐（日本安宅美術館藏）

9、「西廂記」青花罐

《西廂記》是中國傳之久遠的愛情故事。在元明時代，因為戲曲流行之故，家喻戶曉。

此罐畫風細膩，青花色調層次分明，在畫面正中，描繪庭園之中，几上設一香爐，几旁一女子躬身祭拜。兩側襯以雕欄、假山、花樹，表現《西廂記》之中崔鶯鶯「焚香拜月」的一幕場景。《西廂記》描述，崔鶯鶯自幼有拜月的習慣，每逢月朗風清，她都要焚香拜月，張生曾經偷偷來到後花園內，偷看崔鶯鶯拜月，兩人吟詩作對，漸生愛慕之情（圖6-19）。

（圖6-19）「西廂記」青花罐（亞洲私人藏）

10、「孟月梅寫恨錦香亭」青花罐

所繪場景出自元代著名作家王仲文的《孟月梅寫恨錦香亭》，描述的是唐玄宗時期，才子陳圭與佳人孟月梅的曲折愛情故事。

長安書生遊孟家花園，與孟月梅相遇於錦香亭，兩人一見鍾情，私定終身，但孟父告知須中進士才准成親。而陳圭中進士之後赴陝西上任途中遇雷萬春，雷將侄女許配給了陳圭。孟家因安祿山謀反，全家陷入戰火之中失散，平亂之後，月梅因被俘而被賣到郭子儀家當歌妓，當郭子儀知道實情後，遂將月梅送還陳圭，讓陳圭得與月梅團聚，譜得一齣才子陳圭與佳人孟月梅浪漫而曲折的愛情故事（圖6-20）。

（圖 6-20）「錦香亭」青花罐（美國陳得福收藏）

11、「車象人物紋」青花罐

一九五八年入藏文物考古所，因為其青花發色與元代青花有差異，一直被認為是屬於明代青花罐，二〇〇九年陝西省文物鑑定部門根據器物的造型、紋飾及釉料，像是繪畫風格以及蓮瓣紋的排列，還保留著元代的特徵，重新判定其為元末明初所燒造。

此罐描繪多層青花紋飾，自頸部至足部以三道卷草紋把整體畫面分為四個區域，頸部飾一圈菊花紋，肩部為纏枝番蓮紋。腹部所描繪最為精彩，繪製有通景畫式樣的古代歷史人物故事畫，繪有六個人物形象，其中四人騎於馬上，一人徒步指引象車，一人坐於車內。除車上一人外，其餘四人從髮飾、服飾、裝束上看，均為少數民族裝扮。局部以奇樹異草襯托。釉色白中泛青，青花色澤濃艷（圖6-21）。

（圖 6-21）車象人物紋青花大罐（咸陽市長武縣博物館藏）

12、「尉遲恭救主」青花罐

畫面一側單雄信雙手持長矛，縱馬馳前。另一側描繪身著團花錦袍，騎在戰馬上的秦王李世民和手持鋼鞭的尉遲恭，兩人並轡而行。李世民頭微側轉，尉遲恭左手指點，兩人似在交談。尉遲恭身後，一步卒雙手緊擎一面大旗。旗上書大字「唐太宗」三字。三人的周圍以傾斜的山石，流動的雲朵圍繞，以帶有戲劇性的構圖方式，襯托出畫面的重心（圖6-22）。

（圖6-22）「尉遲恭救主」青花罐（美國波士頓美術館藏）

13、「蒙恬將軍」玉壺春瓶

一九五六年湖南省常德市近郊出土。畫面之中，蒙恬將軍滿面虬髯，端坐旗下，威風凜凜，背景的怪石、蒼松、竹葉、花草將場面點綴得生動自然，蒙恬身後的武士舉著火焰紋旗幟，前一武士抓一俘虜，另一武士似作稟報，整個畫面繪寫出蒙恬將軍審訊戰俘的場景與軍營的嚴肅、緊張之氣氛表現得維妙維肖（圖6-23）。

（圖6-23）「蒙恬將軍」玉壺春瓶（湖南省博物館收藏）

14、「陶淵明攜琴訪友」玉壺春瓶

器物內口沿繪一周纏枝花紋，腹部主體紋飾為人物故事圖，一童僕攜帶一把古琴，跟隨主人，漫步在草木之間，腹下與器足之間描繪如意頭紋飾。青花色調淡雅，胎土細白，釉汁瑩潤，白中閃青。在玉壺春瓶底足釉下以青料書寫了一「又」字。有學者認為，瓶上所描繪的人物應該是隱士陶淵明，但是也有專家認為僅僅是表現一般古代常見的「攜琴訪友」的題材（圖6-24）。

（圖6-24）「陶淵明攜琴訪友」玉壺春瓶（廣東省博物館藏）

15、「人物圖」玉壺春瓶

一九八六年江西省上饒市北門鄉東瓦窯村元代墓葬出土，描繪主僕二人在楊柳樹下，花草翠竹之間，欣賞蓮池美景。主人頭戴綸巾，身穿長袍，坐姿優雅，側坐石上，手執如意，旁邊侍立一童子，周圍以山石、叢竹、花卉與雲紋做裝飾，整體看來，畫面清晰，青花色澤濃豔而偏灰，似乎以「周敦頤愛蓮」的題材有關（圖6-25）。

（圖 6-25）青花人物圖玉壺春瓶（上饒市信州區博物館藏）

16、「人物圖」玉壺春瓶

一九七五年湖北省崇陽縣大源公社持久大隊出土，頸部飾海水紋，器身描繪三位人物，分立於垂柳、翠竹與山石之間，其中兩人相對而立，均單手持一葫蘆，另外一隻手藏於袖中，兩人向下凝視兩人之間的一朵靈芝，另一人右手持一芭蕉葉，整體畫工率意，以誇張變形的手法表現趣味，充滿民間瀟灑天真之審美特質（圖6-26）。

（圖 6-26）青花人物圖玉壺春瓶（崇陽縣博物館藏）

17、「趙抃入蜀」匜

匜在元代墓葬與窖藏都曾發現，在許多國內外博物館之中也有收藏。此件器身外側畫一圈如意頭紋飾，器心中央描畫一男子，頭戴幞帽，身穿官服，足穿高靴，懷抱一琴，身側有一鶴相隨。周圍環繞梅花、山石與叢草。繪畫題材似乎與「梅妻鶴子」有關，[4]但是林逋為隱士，此一人物身穿官服，又似與「一琴一鶴，匹馬入蜀」的御史趙抃的典故有關（圖6-27）。[5]

4 以梅為妻，以鶴為子。比喻清高或隱居。宋代林逋隱居西湖孤山，植梅養鶴，終生不娶，人謂「梅妻鶴子」。宋代沈括《夢溪筆談・人事二》：「林逋隱居杭州孤山，常畜兩鶴，縱之則飛入雲霄，盤旋久之，復入籠中。逋常泛小艇，游西湖諸寺。有客至逋所居，則一童子出應門，延客坐，為開籠縱鶴。良久，逋必棹小船而歸。蓋嘗以鶴飛為驗也」。

5 宋代沈括《夢溪筆談》卷九：「趙閱道為成都轉運史，出行部內，唯攜一琴一鶴，坐則看鶴鼓琴。」《宋史・趙抃傳》：「帝曰：聞卿匹馬入蜀，以一琴一鶴自隨；為政簡易，亦稱是乎」。

（圖 6-27）「趙抃入蜀」匜」（西安市文物保護考古研究所藏）

18、「昭君出塞」高足杯

二零零一年甘肅省武威市涼州區南大街一三一號軍分區窖藏出土，杯外側描繪一圈纏枝花卉紋，杯心描繪「昭君出塞」圖樣，畫一女子身穿漢服，手抱琵琶，騎在馬上，馬首前傾，奮力向前，女子回首，似乎在與家鄉道別（圖6-28）。

（圖6-28）「昭君出塞」高足杯（武威市博物館藏）

19、「道教人物」六稜蓋盒

現藏於英國大英博物館，蓋盒呈現六棱花瓣形，器蓋中心描畫一道教人物，衣袂飄飄，手搖圓形蒲扇，一派神仙之氣度，周圍為流雲、靈芝與叢竹所圍繞。器蓋外緣，以蓮瓣分為六個空間，中間各描畫六個雜寶紋（圖6-29，圖6-30）。

（圖 6-29）青花雜寶人物紋六稜蓋盒（英國大英博物館藏）

（圖 6-30）元代青花雜寶人物紋六稜蓋盒（英國大英博物館藏）

第柒章　元青花分期與鑑識探討

引言

有學者依據考古出土的元青花，根據元青花釉質的不同和青料的差異以及紋飾的組織情況，依照時間順序，將元青花的製作時期分為三個階段：「延祐期青花」、「至正期青花」和「元末期青花」。這種分法，是依據考古出土的實物證據，以時間作為分期的主軸，大致上可以看出元青花從初期發展到繁盛時期，再進入沒落的階段，是目前大家比較可以認同的初步分期法。本章將在此一分期的概念之上，探討其中的特色與差異性，而這些特色與差異將是鑑識元青花的基礎。

元青花的歷史與藝術成就在二十世紀受到肯定之後，因為其存世量的稀少，而使得在國際文物市場的價位水漲船高，在熱烈的收藏需求之下，大量的贗品逐步地滲入文物市場，如今已經到達氾濫的地步。在許多私人收藏裡，甚至我所見過的某些私人博物館裡面，充斥著元青花的贗品，不僅造成了私人金錢的損失，更造成了藝術史知識的混淆，事實上，收藏界對於元青花的鑑識需求愈來愈迫切，以收藏與藝術史知識的實務應用而言，本章可說是在前面章節所論述的理論基礎之上，引導讀者進入實務應用的關鍵篇章。

一、元青花的三個製作時期

近三、四十年來，大陸地區因為大量基礎建設施行的關係，不斷有新的考古發現，其中不乏元青花的新發現，吸引全球許多學者投入研究的行列。經過多年來的比對與分析，學界對於元青花的理解愈來愈深入，使得元青花的歷史圖像愈來愈清晰；雖然如此，仍然有許多未解之謎，仍有待在不斷出現的新證據與新發現之中，進行學術性的討論。

青花瓷在自身成長發展過程中，工藝技術不斷地提升與更新，依照目前所掌握的元青花證據顯示，當時製作元青花的瓷場會依據不同的行銷策略、銷往地區，而製作不同檔次的產品，譬如說製作高、低檔次的製品，採用品質不同的原料製作。因此元代統治的約九十年期間，景德鎮所生產的青花瓷器，每一個時期都有著品質差異的產品，但是整體而言，還是有著明顯不同的藝術風格可以區別出不同時期的作品。

有學者依據考古出土的元青花，根據元青花上面釉質的不同和青料的差異以及紋飾的組合情況，依照時間順序將元青花的製作時期分為三個階段：「延祐期青花」、「至正期青花」和「元末期青花」。

從釉面看，元青花的釉質有青白釉、白釉和卵白釉三類。從青料看，有進口的蘇麻離青料和國產青料兩類。這些條件，都可以提供做更進一步的判別。

（一）、延祐期青花

所謂延祐期青花，指的是元代早期到中期之間所生產的青花瓷器。在元代早期到中期，對外銷往東南亞或是東北亞地區像是韓國、日本地區的瓷器，還是延續南宋時期的情況，以龍泉青瓷、磁州窯與景德鎮青白瓷器為主。青花瓷器的發展仍然在摸索與嘗試階段。

根據我們現在所能掌握的考古資料顯示，青花瓷在整個元代的早、中期緩慢地發展，從元代初年（一二七一年）到元代後期的至元年間（一三三五－一三四〇年）的六、七十年間，工藝簡略而粗率的元代青花陸陸續續地被生產出來，這一時期的產品紋樣簡單，用筆寫意而草率，發色不穩定，可以說是元青花成熟時期的先期準備階段。

延祐期青花處於元代青花瓷的成熟過程中，尚具許多工藝上的初創性和原始性，其特徵可以歸納如下：

1、施用青白釉，釉質呈現稍透明或稍混濁狀態，釉面泛青白色或灰黃色。

2、採用國產青料，呈色青中含灰或青中含褐色，有些則是青料淺淡處泛青灰，青料濃重處呈現青褐色。可見此一時期，進口青料的管道尚未暢通，仍以國產青料為主。

3、延祐期青花除用青花線描或是鐵繪裝飾外，還採用堆塑、刻畫等輔助手段，這些都是元代瓷器的特徵。這時期青花紋飾僅見牡丹、靈芝、纏枝菊、蓮紋、如意紋等花卉圖案紋，不見人物紋和動物紋。此一時期仍然承襲了宋代注重簡約的審美觀念，構圖簡單，畫面疏朗，用筆簡約、草率與寫意。

4、器型沒有晚期來的碩大，許多器物以堆塑、刻畫等輔助手段加以裝飾。

5、器胎一般較為厚重，不像南宋時期胎薄輕巧的風格，修胎與修足技術也明顯較為草率。

延祐時期的主要考古證據在於延祐六年紀年墓出土的青花（褐彩）牡丹紋塔式罐，它忠實反映了元代早期青花的工藝和裝飾特徵，是這一階段青花瓷的代表。這件一九七五年在湖北黃梅縣西池窯廠元代墓葬中出土的青花（褐彩）牡丹紋塔式蓋罐，在墓葬之中也發現有一張「延祐六年」的地券，上面記載：「墓主安百四，生於南宋理宗景定二年，歿於延祐戊午四月十七日，葬於延祐六年已未歲十一月初四」。證實這件青花（褐彩）瓷應該為延祐六年（一三一九年）所生產。

這件的生產年代比起元代至正十一年要早了三十二年。這件瓷器被江西九江博物館收藏，成為其鎮館之寶，大家認為是元延祐時期青花瓷唯一的紀年標準器（圖7-1）。

（圖 7-1）元代 延祐六年青花（褐彩）塔式罐

但是有部分學者認為江西九江市所藏元代延祐六年（一三一九年）墓出土的青花（褐彩）牡丹紋塔式蓋瓶，青花色調藍中略灰，繪製筆路深淺不一，兩筆相交處色塊較深，尤其起筆收筆處呈褐色圓珠，這是因為它的呈色原料鈷土礦中含有微量錳或銅一類的氧化物，當色料堆積時便泛出褐色，它的原料應是國產鈷料（圖7-2）。[1]

也有許多學者認為，青花牡丹紋塔式蓋罐的紋飾屬於褐彩，因為該牡丹紋塔式蓋罐的燒造火候已較高，但紋飾並無鈷料的藍色發色跡象，卻像是以鐵著色來發色的黑褐色。[2] 陶瓷學者張浦生也認為：「九江博物館收藏的延祐六年墓葬中出土，青花塔式蓋罐上的紋飾是用鈷料繪畫還是以鐵著色，尚待考證，我認為有可能是鐵繪。關於這個問題，還有待於儀器測試。」青花是以鈷料為著色劑，繪出的紋飾發青藍色，而所謂延祐型紋飾呈色灰黑，經過科學儀器檢測結果證明，它的著色劑是鐵，應當排除在青花家族之外（圖7-3）。因此，有學者認為將元代青花簡單區分為至正型和延祐型，可能還值得商榷，並非是符合事實的分法。

目前已知有紀年款或紀年墓出土的元延祐期青花，都屬特殊訂燒的器物或隨葬品。在海外出土、發現的元青花藏品中，都未發現過符合延祐期特徵的器物。因此可以推論所謂延祐期青花的情況：

1、僅限於國內發展，在國內使用，還未做為外貿商品。

2、僅限於少量燒製，還不是被當作大宗商品進行規模生產。

因此，目前海外所收藏所謂典型「至正型」的元代青花瓷器，具備紋飾精美，構圖豐富與鮮豔暈散藍彩花紋裝飾的青花瓷，應該是在比較晚的元代中晚期以後才逐步發展出來的產品。

（圖 7-2）元代 延祐六年青花（褐彩）塔式罐

（圖 7-3）褐彩（青花）塔式罐（局部）

1 胡堯夫（一九八一年），〈元代青花牡丹塔蓋瓷瓶〉，《文物》一九八一年一期，頁八十三。

2 張浦生（二〇〇五年），〈關於元代青花瓷研究的幾個問題〉，《中國古陶瓷研究》第十一輯，頁一五八，北京：紫禁城出版社。

（二）、至正期青花

從目前傳世品與考古出土證據顯示，元代青花瓷的製作技術應該成熟於十四世紀中期的至正年間，其直接原因是由於受到外貿需求的激發。

至正期青花反映了元青花的最高成就，是元代青花瓷的典型和代表時期。至正期青花的典型器物很多，但有紀年款或紀年墓出土的器物，僅僅是收藏於英國大衛德基金會的一對帶有至正十一年青花款的青花雲龍紋象耳瓶和至正十一年紀年墓出土的青花帶座三足爐兩個例證。

至正期青花瓷器的主要特徵：

1、器型明顯碩大、厚重，器型氣派，具有伊斯蘭器型風格。

2、施用泛青的透明釉（白釉），不同於晶瑩厚潤的青白釉，又區別於乳濁失透的卵白釉。此一時期，也生產許多施用青白釉的小件青花器物。

3、使用進口蘇麻離青料，翠麗鮮豔，略含紫色，線條邊緣有流散與暈染現象，青料堆積之處可以見到濃藍黑褐斑點。

4、至正期青花裝飾上以線描青花紋飾為主，部分使用堆塑、模印、刻畫等輔助手段。採用模印方法僅限於直徑 40公分以上的大盤。紋飾多樣，有各種花卉、人物、龍鳳、動物、海水、雲朵、蓮池、水禽、魚類、雜寶等等種類。構圖繁密複雜，大盤自內向外，大瓶從頸部自上而下有數層，甚至高達十幾層紋樣（圖7-4）。

（圖 7-4）元青花牡丹海水雜寶紋盤（大阪東洋陶瓷博物館藏）

至正期青花的特徵是施用泛青色的透明釉，使用進口青料繪寫複雜豐富的紋飾，而其紋飾帶有濃厚的伊斯蘭趣味，後兩者尤為基本特徵（圖7-5）。

至正期青花不僅包括以至正十一年款青花雲龍紋象耳瓶為代表的大型青花器，即所謂至正型青花，還應包括這一時期生產的工藝上和至正型青花相同的中、小型青花器。至正時期與延祐時期青花瓷器最大的不同之處，除了青花瓷器品質更為提高之外，更在於至正期青花的外銷商品屬性的明確，以及銷往周邊與中東世界的事實。

（圖 7-5）元青花大盤局部（大阪東洋陶瓷博物館藏）

（三）、元末期青花瓷器

元末因各地的反元戰事頻仍，導致瓷器生產條件的變化，不僅進口的青料來源受到阻礙，戰事也使得瓷器製作工匠的流動增加，甚至生產的停止，導致許多來下訂單的伊斯蘭客戶也有相當程度的縮減。

一般看來，元末時期的青花瓷器製作，在器型上較小，像是至正時期那麼碩大的大盤已經愈來愈少，小件器型居多，主要供應國內市場或是東南亞市場的需求。

此一時期仍然採用多種原料製作不同的器物，以適應不同的銷售路線。從青料看，仍然有進口鈷料和國產鈷料兩種，但是使用國產鈷料，或是在國產鈷料之中混用一些進口鈷料的情況居多。

元末期青花瓷器特色

從青料看，元末期有進口青料和國產青料兩種。進口青料用於大型器或製作精緻的中小型器。國產青料均見於中、小型器。青料的製作進口與國產有混用的情況，各取所長。但是整體而言，進口鈷料基本上用於白釉青花，國產鈷料基本用於卵白釉和青白釉青花。

元末有以進口青料繪製的白釉青花瓷，典型器如五爪龍紋青花器和內暗花外青花的器物（圖7-6）。

（圖 7-6）元青花高足杯（上博藏）

有以國產鈷料繪製的卵白釉青花瓷，典型器如東南亞出土的小型青花器（圖7-7），也有以國產鈷料繪製的青白釉青花瓷，典型器如國內出土的一些小型青花器。

從釉面看，有白釉、卵白釉和青白釉三種。從紋飾看，透明白釉進口青料器沿襲至正期青花精緻的裝飾風格。基本上不使用模印塗青的方法，畫面較至正期青花構圖稍為疏朗，空白較多，用筆也較為簡略、瀟灑（圖7-8）。卵白釉國產青料器紋樣以白描性質的簡筆花卉紋為主，用筆簡略而粗率，畫面疏朗空闊，構圖留白較多。青白釉國產青料紋樣稍複雜，採用勾勒點染或簡筆白描畫法，用筆也以簡略粗率為主，畫面疏朗，構圖留白較多。

（圖 7-7）外銷東南亞元青花碗

（圖 7-8）高安窖藏出土元青花小酒杯（高安博物館藏）

（一）、釉質與釉色

元青花的釉面先後有三種：

1、影青釉

又稱「青白釉」，在元代早、中期的青花瓷器上使用。此一類器物，使用國產青料繪製紋飾。釉面泛灰或泛黃，有些釉層光澤較強，有些或為悶光現象，除了是因為燒成技術的原因之外，還與釉層中釉灰比例較高有關（圖7-9）。

元代青花瓷施用青白釉，一般釉面不光滑，用手撫摸有凹凸不平感。器身胎釉微閃青色，圈足積釉處泛水綠色之外，整體器身往往顯出淡牙黃色，有時顯出乳濁白色。

2、白釉

從十四世紀中的至正年間開始使用，使用進口青料。釉面白中泛青，釉色瑩潤透明，光潔滋潤，積釉處顯泛微青色，圈足積釉處顯出淡淡的水藍色或是水綠色（圖7-10）。

（圖 7-9）青白釉元青花帶蓋小罐

（圖 7-10）
靠近足底積釉處泛水藍色或水綠色
（大阪東洋陶瓷博物館藏品局部）

3、卵白釉

元末青花上開始使用卵白釉，一般釉層乳濁，青花使用國產青料，多見小型器，以高足杯、碗、缽、小罐類居多，這些器物的圈足或是口沿部分往往會留下工匠以手指抓器物浸釉時所留下的指痕。

卵白釉是元代創新的釉種，含鈣量低，鉀鈉成分較高，粘度較大，釉面細膩而光潔（圖7-11）。早期器物釉中含鐵量稍多，顏色閃青，晚期含鐵量減少，色澤趨於純正。施卵白釉燒成的青花瓷發色淺淡，原因在於卵白釉厚而凝重，濁而失透，青花罩在釉下，青花色調往往有朦朧的現象。

元青花施釉狀況，典型的元青花器體釉面較為平整，大型琢器在胎體的粘結處釉面微微凸起，器物內部露胎，口沿部份施釉厚薄不勻。除了玉壺春瓶底部上釉之外，器物底部一般無釉。瓶、罐的底部或高足杯、碗的足內底部露胎處往往有大小、形狀不一的釉斑。梅瓶等瓶類的內側在口沿以下為素胎無釉（圖7-12）。

（圖 7-11）元代卵白釉高足杯（高安窖藏）

以元青花大罐為例，大罐的內壁一般以蕩釉法施釉，釉層顯現出厚薄不均的米漿狀態，釉薄處顯出米黃色。器蓋表面施釉，器蓋內側素胎，露胎處呈現淺土黃色，偶然見到細微釉斑（圖 7-13）。

（圖 7-12）元代青花纏枝牡丹雲龍纹罐底部有少數釉斑

（圖 7-13）大罐口沿內部釉汁如米漿，釉薄處露出米黃氧化層

（二）、紋飾

依據目前考古資料顯示，元代青花的紋飾在早期到中期，構圖疏朗，空白較多，用筆相當簡略、草率，紋樣以堆飾與貼塑為主，輔以寫意方式的筆繪紋樣，整體看來，紋樣結構鬆散，用筆線條類似吉州窯或是磁州窯的風格，紋樣以植物紋的纏枝花像是牡丹、蓮花紋、蕉葉紋等等為主，不見人物或是人物故事紋的表現（圖7-14）。

至正時期的元青花，在外銷伊斯蘭的訂單激勵之下，紋飾從簡單，演變成繁華馥麗，構圖滿器，器身上的紋樣多達十數層。

除此之外，用筆精細工整，一絲不苟，展現出精美的圖案趣味。此一時期的青花器紋飾，受到伊斯蘭文化的強烈影響，除了原來漢人文化的圖樣設計之外，許多紋樣採用伊斯蘭圖案，展現出中國與伊斯蘭文化交流的成果。紋飾以龍鳳紋、纏枝花、蓮花、牡丹、佛教八寶、雜寶、蕉葉紋、海水紋、蓮池水禽、游魚水藻等等最常出現（圖7-15）。其中最著名的應該是人物故事圖案的青花器，繪寫了漢人的歷史故事與傳說，這一批青花器品質精美，數量稀少，依據學者們的討論，並觀察其製作的品質，應該是屬於至正時期以後的作品。

（圖 7-14）元代瓷器早期紋飾風格

（圖 7-15）元青花纏枝花葉雜寶紋大盤（加拿大多倫多皇家博物館藏）

此一時期紋飾與其器型風格一致，碩大而氣派，像是纏枝蓮花或是纏枝牡丹，花形與葉形碩大，構圖滿器，用筆挺健有力，呈現出瀟灑豪放、繁華馥麗而又動態十足的氣質。相對於元代末期到明代初期的紋飾所展現出來的小花小葉、構圖疏朗的風格，有著明顯的差異（圖7-16）。

此一時期，畫工們明顯地對於山水紋樣沒有太大的興趣，山水頂多只是做為人物或是人物故事圖樣的點綴與配景，人物故事的紋飾盛行，應該與元代民間社會盛行雜劇有關。整體來說，畫工們只對裝飾性極強的動物紋樣有興趣，極度繁密的構圖與不厭其詳的表現，裝飾空間極盡精確計算和加以利用，盡可能在有限的空間裡，表現出盡可能多的細節，紋飾雖有主次之別，但絕無虛實之分，每一根線條都充滿張力（圖7-17，7-18）。[3]

（圖 7-16）大花大葉是元青花瓷器紋飾的風格（上博收藏梅瓶局部）

（圖 7-17）元青花葡萄紋大盤（上博藏）

（圖 7-18）至正時期時期元青花的紋飾豐富，構圖繁複，用筆細緻（德黑蘭博物館藏）

以龍紋而言，元青花上面所繪製的龍紋，一般所見多為三爪，少見四爪與五爪。《元史・順帝紀》記載至元二年（一三三六年）夏四月丁亥的禁令「禁服麒麟、鸞鳳、白兔、靈芝、雙角五爪龍、八龍、九龍、萬壽、福壽字赭黃等服」。事實上元代，延祐元年（一三一四年）即已經開始明確規定：「雙角五爪龍紋」及「麒麟、鸞鳳、白兔、靈芝」等，臣、庶不得使用。因此凡有禁用紋飾的青花器應該是民窯受官府命令而生產的官窯器，但不畫這些紋飾的元青花瓷中也應該有相當一部分是屬於官方訂製的官窯器。以此推論，元青花中的三爪、四爪龍紋及製作較粗的器物，應該為臣、庶所用的民窯產品（圖7-19，7-20，7-21）。

[3] 謝小詮（二〇一二年），過渡期青花瓷，北京：文物出版社，頁一〇〇。

（圖 7-19）元代青花龍紋高足杯（上博藏）

（圖 7-20）元青花四爪龍紋梅瓶

（圖 7-21）元青花三爪龍紋紋飾（局部）

（三）、青料

1、進口鈷料

進口鈷料，即蘇麻離青，或稱蘇泥勃青，元代進口鈷料的成分是低錳、高鐵，和唐宋青花、明清青花的青料成分都有一定的區別，所繪青花紋飾呈色濃豔深沉，並帶有紫褐色或黑褐色的斑點，有的黑褐色斑點顯現出「錫光」（圖7-22，7-23）。

「錫光」是在黑褐色斑點中出現的一種自然光澤，並有凹凸感，其生成原因在於青花顏料在高溫燒製過程中與釉熔化時依據窯內氣氛而生起的變化。現代仿製的元青花之中也可以製作出「錫光」現象，但是觀察仿品的「錫光」現象，浮在青花表層，仿佛是一塊銀灰色貼片浮貼於藍黑色斑點之上，有的斑點過於密集，都給人一種僵硬不自然之感（圖7-24，7-25）。

（圖 7-22）使用蘇麻離青鈷料的元青花紋飾會顯出深黑藍色的積聚與斑點現象（真品）

（圖 7-23）青花紋飾呈色濃豔深沉，並帶有紫褐色或黑褐色的斑點，顯現出「錫光」（真品）

（圖 7-24）贗品的錫光與青料的發色都顯現出一種不自然的現象（贗品）

（圖 7-25）贗品的青料暈散與光澤都與真品有差距（贗品）

蘇麻離青料呈色特徵：

(1)、呈鮮麗的靛青色，略含程度不同的紫色，有些呈非常幽雅的紫羅蘭色（圖7-26）。

(2)、青花呈色有深淺濃淡的色階，勾勒的線條較深，填色與染色的青料較淺。青料積聚處有黑藍色或褐藍色斑點，釉面下凹並有悶光現象（圖7-27，7-28）。

(3)、青花線條邊緣稍有暈散現象。有些呈色濃重，有放射狀流散，可以見到藍黑色結晶，為青料顆粒較粗所致。明初永樂、宣德青花上也有類似現象（圖7-29）。

（圖 7-26）
典型的元青花青料發色呈現鮮麗的靛青色

（圖 7-27）
典型元青花的青料呈現清晰的深淺色調

（圖 7-28）
勾勒線條的青花色調較深，渲染的色調較淺

（圖 7-29）
元青花蘇麻離青料往往呈現暈散現象

2、國產青料

元青花所使用國產青料，其成分為高錳、低鐵，與同時的進口料差別很大，所描繪的青花紋飾呈色灰藍或黑藍色調，有濃淡色階，青料積聚處有藍褐色或黃褐色斑點，黑褐色的斑點較少，如含錳過高時青花紋飾呈色為藍中微微泛紅，釉面下凹並有悶光現象（圖7-30，7-31）。

無論是國產料或進口料，整體畫面青花紋飾色調受窯溫影響存在深淺不一的變化，但用放大鏡觀察，給人一種清澈深沉之感。細看青花呈色，在濃豔之處有鮮活的流動感（圖7-32，7-33）。

（圖7-30）
以國產青料繪製的青花紋飾呈色藍灰或藍黑色澤

（圖7-31）
國產青料的呈色比較淺淡，色調灰藍，不若蘇麻離青鮮豔

（圖7-32）
青花紋飾色調受窯溫影響存在深淺不一的變化

（圖7-33）
放大鏡觀察青花紋飾，給人一種清澈深沉之感。濃豔之處有鮮活的流動感

（四）、胎土

景德鎮製瓷用料是一個逐漸演進的過程，在唐代到五代之時，瓷胎大多由單一的瓷石所構成，最遲在宋末元初開始，瓷器工匠已經發明了以瓷石摻合高嶺土的二元配方法，有些原料中高嶺土比例高達20%。二元配方法使得瓷胎中三氧化二鋁（Al_2O_3）的含量得以提高，這樣能大幅度地減少瓷胎在高溫條件下的變形機率，鞏固了大件器物的製造品質，同時因為提高了燒製的溫度，使得瓷器的瓷化程度增加，胎體更為堅緻。在胎土密度提高的基礎之上，景德鎮有能力燒造出器型碩大的青花器物，像是直徑四十到五十公分以上的大盤和高度達七十公分以上的大瓶。

元代青花瓷的製瓷原料就採用了瓷土加高嶺土的「二元配方」法。其胎料可以大別為三類，其與青花紋飾的關係如下：

1、用於出口伊斯蘭的青花瓷，器型碩大，胎土較白，部分白中泛灰，手感沉重，胎土緻密堅硬。使用進口青料繪製，青花呈色鮮豔，呈現活潑動人的視覺效果（圖7-34）。

2、使用在本土市場使用的青花器，使用國產土青料繪製，一般胎骨灰白，胎體上手的感覺重量較輕（圖7-35）。

3、元末部分青花小器，胎色土灰中泛黃，胎土較為粗鬆，使用國產青料繪製（圖7-36）。

元青花瓷雖然胎內增加了氧化鋁的成分，提高了燒成溫度，但是瓷化程度還是不如清代瓷器胎體細膩。從元大件器物底部或殘器斷面，可以觀察到其胎色不夠潔白，胎質較粗並有細小的氣孔（或稱孔隙或是砂眼）（圖7-37）。

（圖 7-34）
用於出口伊斯蘭的青花瓷，器型碩大，胎土較白

（圖 7-35）
供應本土市場使用的青花器，一般胎骨灰白，胎體手感重量較輕

（圖 7-36）
元末青花小器，一般胎色土泛黃，胎土較為粗鬆

（圖 7-37）
元青花一般胎色不夠潔白，胎質較粗並有細小的氣孔（或稱孔隙或是砂眼）

（五）、器型、修胎與圈足

元代早期到中期，一般器型以中小型為主，像是碗、瓶、高足杯等等，器身上面有許多堆塑或貼塑做為裝飾（圖7-38）。

從元代晚期的至正時期以後，器型開始變得碩大，出現大盤、大瓶與大罐等等，盤子直徑可以高達六十公分，梅瓶高度也在四十公分以上。到了元代末期到明初階段，雖然大型器型還在生產，但是數量已經較為稀少，器型有變小之趨勢，一般以小型器為主。

元代晚期以後，景德鎮瓶、罐之類的器型，因為器型較大，一般採用分段製胎，然後再用胎泥粘合而成，粘接處器表往往突起，以手撫摸有凹凸不平之感，外壁接痕雖然經過打磨手續，但是內壁接痕仍然清晰可見，器物頸部內側略加切削，內壁均不經過精細修削，所以在器裡的底、腹、口等處胎體接痕明顯。

從器足來觀察，一般器物的足邊不規整，有彎曲現象，說明元代製胎不講究精緻的修坯，因此顯得成型工藝較為粗糙（圖7-39）。器物底部往往可見螺旋狀的切削痕或是跳刀痕（圖7-40），大瓶、大罐的底部旋削紋較為粗糙，旋削紋較為疏朗，一般看來，盤和碗在切削痕較為細密。底部和圈足內外往往粘有窯砂，窯砂是做為防止燒黏在底板上的措施，有些窯砂因為窯火的關係，已經燒熔，而與釉結合在一起（圖7-41）。

（圖 7-38）
延祐六年牡丹紋褐彩蓋罐

（圖 7-39）
元青花器足往往在修胎上有不規整現象

（圖 7-40）
有些元青花的底部旋削痕跡明顯

（圖 7-41）
元青花底部的窯砂現象

一般大型器物修胎較為粗率，但是小型器物也有精緻者，胎質顯得潔白細膩。削足處理方法常見底足足端外牆斜削一刀，大器足底寬厚，多為挖足，挖足有深有淺。器物底足的圈足並不十分整齊，足牆往往呈現彎曲不平的現象（圖7-42）。

高足杯的高足與杯身以泥漿拼接，交接處可以看見黃色或泥漿狀擠壓泥漿，杯把足端的圈足厚薄不一（圖7-43）。

元瓷製作時胎泥淘煉不夠精細，大多數器物底部露胎不施釉，採用窯砂墊燒方法，燒成後即形成所謂的砂底。砂底的邊緣常出現粘砂或鐵質斑點，部分器物由於胎土內含有鐵質，在器物露胎部位經窯火燒結呈氧化鐵的橙紅色，俗稱「火石紅痕」（圖7-44）。

在碗與高足杯等小件器物露胎處一般不見明顯火石紅痕，而較常見到露胎處表層有一層土黃色的氧化層，俗稱「黃衣」。一般大罐、大瓶等大件器物的蓋裡面雖露胎，一般也不見明顯火石紅，只見土黃色的氧化層（圖7-45）。也有一些大盤盤底上留有工匠有意識塗刷的較淺淡的鐵紅色砂底，並帶有轆輪旋坯的旋紋痕跡，有的器物底足會留下工匠似乎有意識或是在無意識之際所留下的釉斑現象（圖7-46，7-47）。

一般碗的底部胎體較厚重，足內露胎，中心微微突起，俗稱「乳突」或是「臍突」狀，實為一種修坯的痕跡（圖7-47）。瓶、罐等大型器物底部中心處常見一內凹的圓點，是因為在製作大器時，為防止燒窯之時塌底，需要在器物底部的中心或稍偏處放一個用耐火土做成的圓餅或圓圈作支點支撐，因此出現內凹的圓點（圖7-48）。大罐底部多為寬圈足，較不規整，有的底中心有較淺的螺紋痕跡。一般大件器物胎體厚重，但是重量適中，若是超重或超薄者，都必須仔細審視其他部分，以判斷其年代與真偽。

（圖 7-42）
元青花挖足有深有淺，一般足邊修胎較為粗率不規整

（圖 7-43）
元青花高足杯的足端修胎粗率，厚薄不一

（圖 7-44）
元青花的器物底足，往往帶有火石紅痕的現象

（圖 7-45）
元青花大盤器底的「黃衣」現象

（圖 7-46）底足往往留下釉斑的痕跡

（圖 7-47）
元青花器物底部中心往往有乳突現象

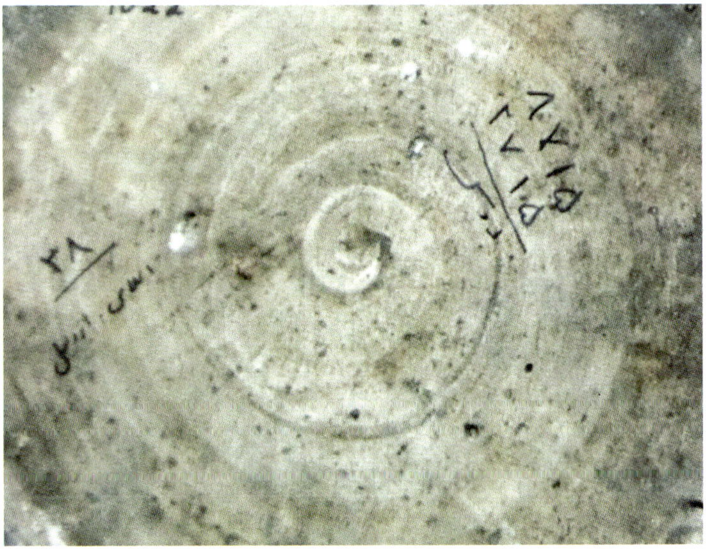

（圖 7-48）
元青花器物底部往往有一內凹圓點，是做為窯燒時支撐之用

三、元青花瓷鑑識技術探討

由於近年來，元代青花瓷器在國際市場上的價格愈來愈高，吸引許多仿做高手積極嘗試，導致市場上贋品充斥的現象極為嚴重。

多年以來，筆者曾經見過許多贋品，發現贋品的仿製技術愈來愈好，有少數已經達到維妙維肖的境界，加上販售者以三吋不爛之舌編造一些穿鑿附會的故事，使得許多藏家買到假貨而不自知。事實上，雖然做假者技術高明，但是仍然有許多關鍵之處，無法突破，目前依據客觀的原理原則與科學儀器的協助，仍然可以一一識破。

（一）、元青花鑑識原理與原則探討

在鑑識元青花之前，我們必須要先掌握下列四項基本概念與原則，才能深刻理解鑑識的重點。

1、工藝技術演進原則：

依據工藝技術演進的法則，整體來看，許多工藝技術一定是朝向愈來愈先進的趨勢，材料的製作一定是愈來愈純粹，愈來愈是細膩的趨勢，因此每一個時代都有其技術的瓶頸，無法突破，一般來說，後面的時代在工藝與材料技術上掌控絕對超過前代，我們必須理解每一個時代的技術限制。

當然這種技術上的比較，要以每一個時代當時所生產的一流的物件互為比較之下所得到的結果為準，比如說，以燒造出來的青花呈色穩定性、釉質、胎土材料純粹度、胎土堅緻程度（玻化程度）等等技術條件來說，目前所知，從墓葬出土的唐代青花的品質絕對不如元代至正型伊斯蘭風格的青花瓷器，而元代青花在釉質、胎質上又比不過明代官窯青花，而明代官窯青花在釉質與青花發色的掌握上又不如清代官窯青花瓷器。依據此一原則，我們可以在釉質、胎質與青花顏料上，細心觀察之下，發現出相當大的差異性。

2、歷史與社會變化原則：

基本上，每一個時代的工藝技術會不斷向前演進，以長期的眼光看來，技術演進趨勢是往愈來愈好邁進，但是主導與影響人類社會發展變數很多，並非絕對如此一成不變，工藝技術的演進還要取決於當時國家勢力強弱與否，像是政治的穩定、經濟的繁榮或是文化的興盛與否，同一個時代，或是前後的時代差異，可能因為社會的繁榮與否而造成工藝技術有興衰的演變現象，尤其工藝的製作生產，不像書法與繪畫一般可以獨立由藝術家個人完成，工藝美術品的生產方式與設備，成本較高，因此與經濟與市場的關係相當密切。

工藝美術品的生產與製作需要由藝術家或是工匠集體完成，材料與設備成本高昂，因此與經濟發展與銷售市場的關係密切相關，若無一定經濟規模的支持或是市場需求，瓷器生產無法延續生產。像是元代末年，戰事頻仍而影響內銷市場與外銷貿易，使得景德鎮的生產受到波及，也使得外國青料的進口受到一定的影響，等等諸多因素，使得元青花的品質有明顯下降的現象。

鑑識每一個時代的器物，器物誕生在特定年代與社會，一定受到那時的制約與限制，我們必得理解每一個時代與社會的歷史情況，才能精確掌握那時候工藝技術的真實狀態。比如說，目前傳世品之中，英國大衛德基金會所收藏那一對具有青花款「至正十一年」銘文（一三五一年）的青花雲龍紋象耳瓶，證明在元代晚期的元惠宗至正十一年（一三五一年），元青花已經可以燒製到如此精緻的水準。[4] 元惠宗從一三三三年到一三六八年執政，一共在位三十六年，如果依據此項標準件來看，我們似乎可以這樣推論，在一三三〇年代以後的元惠宗在位期間，應該是元青花製作逐漸邁向最精美的時期，而在一三五〇年代到達最高峰的階段。

3、美學觀念的演化原則：

每一個時代的審美觀念與流行時尚會因為社會與時代差異而展現明顯的不同，像是宋代以文人為主的社會，文人品味一枝獨秀，連皇帝也是以文人自居，文人審美自然成為當時社會上行下效的審美主流標準，在瓷器文化上，出現以寧靜、單純與雅淨的單色釉為主流，尤其是青瓷品種，在當時外銷世界的外銷瓷器之中，也以青瓷為主。而出身遊牧民族的蒙古社會所建立的元朝，審美品味以豪放、粗獷、瀟灑與華麗為主，喜歡以豐富的圖案與紋樣來裝飾瓷器，因此以紋飾複雜繁麗的青花瓷器為主流，當時的外銷瓷器也逐漸由元代早期以青瓷為主的青瓷轉變成有紋樣變化的青花瓷器。

一般而言，專制時代的審美觀念通常都是以在上位者的審美品味當作最高級的美感而進行模仿與學習，位於社會底層的工匠，也會以皇室與貴族的品味做為美感的典型，而盡量揣摩或是模仿，符合上層社會的美學品味。

根據《元史》記載顯示，元惠宗是一個多才多藝的皇帝，他是中國歷史上最早製作建築模型的皇帝，他無師自通地將自己的新奇想法製作成建築模型，還在上面點綴珍珠寶石，建築的雕樑畫棟都會按照一定的比例製作。模型製成之後，就習慣請身邊的太監、宮女們加以評論，倘若不盡滿意，就毫不猶豫地毀掉模型，重新製作。

元惠宗還通曉機械原理。元惠宗曾經設計製作一個宮漏（古代的計時儀器），可以通過控制水流的速度計量時間，不僅造型精巧絕倫，還創造性地增添了各種自動報時裝置。元惠宗也精於設計，當時曾經親自設計建造一艘龍船，命令工匠照圖營造。據說這條龍船在水中行進時，它的龍首、龍眼、龍口、龍爪、龍尾都能動彈，惟妙惟肖。元惠宗還工於音律，在歌舞創作方面下過一番功夫。他曾創作《十六天魔舞》來表現佛家思想，親自組織宮女加以排練。

依據史料記載所看到的元惠宗，是一位對於建築設計、工藝製作、音樂有著濃厚興趣的皇帝，因此可以推論在其在位期間，對於各種藝術製作與活動，應該會比起其他皇帝展現更多的關注。當時的景德鎮隸屬於元代政府的浮梁瓷局管轄，又因為瓷器外銷的興盛，更是元代朝廷大量關稅的來源，雖然目前在元代史料的搜索上，尚未找到重大而明顯的發現，發現元惠宗對於青花瓷器的關注史料，但是可以推論，元惠宗對於藝術的高度興趣，對於青花瓷器製作應該會有一定程度的關心，而使得元青花在他執政時期的至順、至統與至正年間（一三三三－一三六八年）迅速發展，成功燒製出精美優良的青花瓷器，而在至正年間（一三四一－一三五一年）達到最高峰階段。[5]

至正十一年（一三五一年）以後，反元勢力愈來愈昌盛，元惠宗逐漸疏怠政治，元朝勢力每況愈下，而在至正二十八年（一三六八年）滅亡，朱元璋建立大明帝國。[6]

從新安沈船的遺存以青瓷、青白瓷、黑瓷等等為主，而未發現元代青花，我們可以推論元青花的開始製作約在至治三年（一三二三年）以後逐漸出現，而在一三五一年出現最精美的生產高峰以後，在反元戰事頻仍與元惠宗荒疏國事之下，逐漸步入衰弱的時期，用筆粗率簡略，青花紋飾構圖不像至正時期伊斯蘭風格紋飾的繁複華麗，而傾向疏朗，留白較多，紋飾以國產青料繪製者居多，大型器物少見，器型以中小型器物為主，此種現象一直維持到明代初年，明代朱元璋統治的後期，景德鎮青花製作才逐漸恢復到精美的水準，但是紋飾與器型風格也從元代蒙古與伊斯蘭崇尚華麗的審美品味轉換到漢人崇尚自然、簡約、雅致與空靈趣味之下的藝術風格。[7]

---

4 元惠宗，西元一三三三年－一三七〇年在位，共計三十七年，是元朝的最後一位皇帝，也是元朝皇帝中在位時間最長的皇帝。元惠宗善於思考，喜歡發明一些新奇的東西，也在音律、歌舞創作方面有著極高的天賦。

5 元惠宗妥懽帖睦爾親政初期，勤於政事，採取一系列改革措施，以挽救元朝的統治危機，史稱「至正新政」，包括頒行法典《至正條格》，以完善法制；須佈舉薦守令法，以加強廉政；下令舉薦逸隱之士，以選拔人才。

6 在至正十一年（一三五一年）爆發了元末農民起義。元惠宗逐漸怠政，沉湎享樂，元廷內鬥不斷，外部民變迭起，無法有效地控制政局。至正二十八年（一三六八年）閏七月，明軍進攻大都，元惠宗妥懽帖睦爾出逃，蒙古退出中原，元朝對全國的統治結束。

7 韓國新安沉船的遺物可知，此船是十四世紀早期，大約一三二三年前後（有木牌上保留「至治三年」的墨蹟），從中國的慶元（寧波）出發前往日本的國際貿易商船，途中因颱風等原因，最終沉沒在高麗的新安外方海域。沉船及其遺物的打撈、發掘，說明了當時東亞貿易交流的情況。

4、器物的老化原則：

元青花的生產年代在十三到十四世紀，距離現在約六、七百年，器物一旦生產出來，歷經時空與歲月的淬煉，不論其是否被使用，一定多多少少會留下老化的痕跡。

在釉面上，長時間的老化會使得釉面出現氧化或是風化的痕跡，這種風化痕跡，以肉眼觀察其釉光可以看得出來，釉面所反射出來的光線，是一種較為柔和的「悶光」的感覺，或者是進一步使用放大鏡或是顯微鏡也可以觀察得到釉面的變化，若是被長時間使用過的器物，釉面會充滿具有層次感的細紋，有「牛毛紋」現象。

在器物的釉面，尤其是在口沿、器耳、手把等等部分，會因為長時間使用、水氣侵蝕與風化的作用，容易產生缺口、腐蝕、釉面剝落、蝕孔等等現象（圖7-49）。

（圖 7-49）器蓋上的釉層剝落是一種老化的現象

在釉面上，瓷器經過多年的氧化之後，釉面會逐漸形成一種溫潤的釉光，俗稱「皮殼光」（圖7-50）。

在露胎處，一般是圈足部分、胎土與水氣與空氣氧化的結果，會產生數量不一的沁蝕現象，或是在胎土表層的縫隙堆積許多塵土或是生成許多堆積物，這些都會造成明顯的老化現象（圖7-51）。

（圖 7-50）
瓷器經過長年的氧化之後，釉面會產生一種溫潤的皮殼光

（圖 7-51）胎土的老化現象

（二）、元青花的鑑識依據

1、器型：

元代青花的器型有一定的特徵，典型器一般器型較大，如大盤、大罐與大梅瓶，不過這類較大器型的瓷器一般說來應該出現在外銷鼎盛的至正時期，當時的外銷主要以伊斯蘭商人的訂單為重心，一般器型較大，同時也明顯地具有伊斯蘭金屬器型的趣味，很可能是依據伊斯蘭商人的意願製作，或是伊斯蘭商人所帶來的設計圖樣，請中國景德鎮瓷器工匠依樣製作（圖 7-52，7-53）。

（圖 7-52）
典型元青花器型一般碩大，紋飾豐富（上博藏）

（圖 7-53）典型元青花一般做為外銷伊斯蘭世界，畫工精緻，構圖複雜

此一時期的大盤與大件盤、瓶、罐等等，因為器型較大，胎土較厚，因此都具有一定的重量感，但是也不能過於沈手，仿品一般不是過重就是過輕。一般中型或是小件器物，出現在元代中期以後，以外銷東南亞為主，或是供應國內市場需求（圖7-54）。

一般而言，一方面元末的國內市場已經興起，民間使用中小型青花瓷器相當普遍，另一方面，景德鎮青花仍然持續供應外銷東南亞的民間市場，因此，元末時期都是以中小型器物為主，雖然仍然有大件精美的器物的生產，供應高檔市場，但是在國內反元戰事的關係，以及在外銷伊斯蘭世界訂單的萎縮之下，精緻物件主要還是以供應民間高檔市場為主，因此在大件器物的生產上還是以符合國內使用習慣為主，因此器型少見大盤，而以漢人習慣使用的器型，像是罐、梅瓶、玉壺春瓶等等居多（圖7-55）。

（圖 7-54）中小型元青花一般供應東南亞外銷或是國內市場使用

（圖 7-55）漢人習慣使用的器型，像是罐、梅瓶、玉壺春瓶等等居多

2、青料：

主要是仔細觀察青花料的發色與質地，元代青花使用的青料，基本上有本土與進口兩種青料。

在元代早期到中期，一般都是使用本土青料。本土青料的特色在於呈色灰暗，以灰藍色為主，比較沒有暈散現象，用筆的線條比較清晰（圖7-56）。

（圖 7-56）
元代早期到中期，一般都是使用本土青料，呈色灰暗

元代中期以後，元青花使用進口青料愈來愈頻繁。進口青料發色鮮豔，有暈散現象，一般都會混合國產青料使用，積料處會呈現黑藍色的黑疵斑點現象，青花瓷中青花閃黑的呈色深入胎骨，不會僅僅浮於表面，側看有錫光，用手觸摸摸，局部有輕微凹陷感（圖7-57）。

現代仿製者已經能夠仿製凹陷的錫光與褐色的斑點，但是仔細與青花搭配起來看，會覺得青料發色過於純淨。再與釉質搭配來看，會發現釉質過於透明與清亮，沒有真品有自然模糊與微微泛青的趣味（圖7-58）。

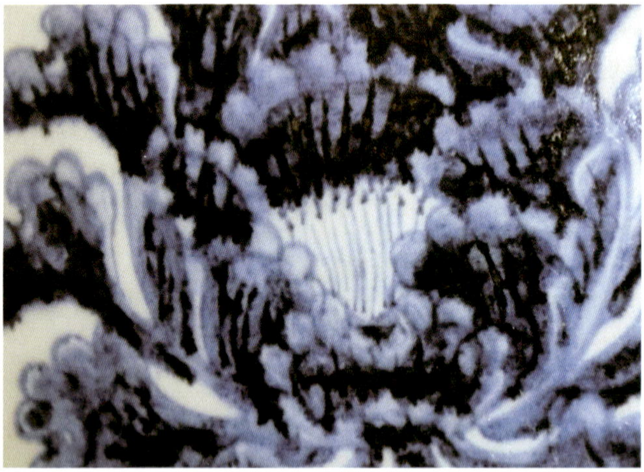

（圖 7-57）元代青花進口青料發色鮮豔，有暈散現象，積料處會呈現黑藍色的黑疵斑點現象

（圖 7-58）現代仿製品，青料發色過於純淨而呆板，釉面過於清亮

銷往伊斯蘭地區的元代青花，主要使用進口青料，色調鮮豔，藍彩幽深，一般可以見到暈散與流動現象，積青料處呈現黑藍斑點（圖7-59，7-60）。

一般在大陸考古發現的元青花，屬於內銷國內市場使用，青花紋飾一般都是使用國產青料，色調較為灰暗，但是有部分使用進口青料混用，色調呈現鮮豔的藍色調，頓筆或是用筆轉折處堆積青料處呈現黑藍斑點，也有暈散與流動的現象（圖7-61）。

外銷東南亞的元代青花瓷，一般體型較小，紋飾簡略，畫工較粗，所用青料以國產青料為主，色調較為灰澀與暗淡。

（圖 7-59）
銷往伊斯蘭地區的元代青花，主要使用進口青料，色調鮮豔，藍彩幽

（圖 7-60）
銷往伊斯蘭地區的元代青花，可以見到暈散與流動現象，積青料處呈現黑藍斑點

（圖 7-61）內銷國內市場的元青花，有些物件的青花紋飾以國產與進口青料混用，色調也呈現鮮豔的藍色調

3、紋飾：

元青花的紋飾，一般來說，紋飾粗獷豪放，用筆具備力度與速度感。元代早期到中期的元青花處在萌芽階段，紋飾較為簡單，構圖疏朗。到了元代中期以後，紋飾朝向構圖愈來愈繁複，用筆愈來愈精細的趨向。

典型的元青花圖案來自近、中東（伊斯蘭）紋樣，元朝蒙古人統治下的中國是一個多民族國家，許多外國人在此僑居謀生，有些還在朝廷擔任官員，威尼斯人馬可波羅就是一個很好的例證。[8] 大批穆斯林（伊斯蘭人）聚居於中國南方的城市，尤其是主導瓷器出口的出海港口，像是福建泉州、廈門等等。甚至景德鎮的窯場曾有一段時間由穆斯林主管。

元青花的幾何圖案，直接與間接來自近、中東地區的紋樣，透過伊斯蘭商人的中介，取材自伊斯蘭的設計圖樣，也有部分可能是取材自可蘭經書上的彩飾。圖案精美細緻，佈滿器面，構圖緊湊，顯示出強烈伊斯蘭的審美品味（圖7-62）。然而，亦有描繪中國圖案的典型元青花，表現出如庭園、龍紋、鳳紋、蓮池水禽、游魚或是歲寒三友圖等等圖樣。可以見到，元代中期以後逐漸出現的典型元青花展現出中西文化交流，尤其是與伊斯蘭世界文化交流的見證（圖7-63）。

（圖 7-62）外銷伊斯蘭世界的典型元青花圖案精美細緻，佈滿器面，構圖緊湊。

（圖 7-63）典型元青花展現出中西文化交流，尤其是與伊斯蘭世界文化交流的見證。

元青花紋飾風格，整體看來，有一種氣派非凡的氣質。青花紋飾風格構圖滿器，繁華馥麗，花形大花大葉，纏枝花線條流動整器。一般而言，圖案密佈器身，留白較少。龍形紋飾，造型細頸蛇身，龍身鱗片以細線勾勒而成，瀟灑卻又不含糊。龍紋爪形以簡單勾勒而成，卻能展現出健壯有力的力道感，整個龍身屈伸前行、靈動有勁（圖7-64）。

8 馬可・波羅（Marco Polo，一二五四到一三二四年）是義大利威尼斯商人、旅行家及探險家。據本人說他曾隨父親和叔叔通過絲綢之路到過中國，擔任元朝官員。回到威尼斯後，馬可・波羅在一次威尼斯和熱那亞之間的海戰中被俘，在監獄裡口述其旅行經歷，寫出《馬可・波羅遊記》。

（圖 7-64）
龍紋爪形以簡單勾勒，展現出健壯有力的力道感，龍身靈動有勁

一般的元青花紋飾在用筆上，挺健有力，瀟灑豪放，尤其是典型元青花的紋飾，用筆精細，筆道挺健，畫法熟練，應該都是在當時有一定資歷的一流畫工，細節處像是松針、海水紋、雲紋乃至人物輪廓與衣褶表現等等，畫工用筆在精工細膩之外，卻又不落入僵滯、猶豫與拘謹的弊病裡，在在都展現出用筆瀟灑之趣味，更展現出用筆猶如行雲流水的熟練程度（圖7-65，7-66）。

元青花瓷的生產典型精美元青花瓷的時間相當短暫，最多是由十四世紀的二十年代到六十年代。保存至今的重要作品只有土耳其的托普卡比皇宮博物館和德黑蘭博物館來自於阿特別爾寺的藏品。

品質與風格和托普卡比博物館藏品如出一轍的瓷器，當時中國本土市場也有出售，但由於元朝皇室與貴族以使用金銀器為主，瓷器一般為民間使用，沒有進入宮廷的場域。

最著名的元青花瓷是景德鎮於一三五一年專為附近一所寺廟所燒造的一對大型花瓶，瓶身上有至正十一年紀年款，現藏於倫敦大衛德基金會，無論釉質、青花、紋飾與風格，均可媲美土耳其托普卡比博物館的藏品，唯一不同之處僅在於造型的差異。

（圖 7-65）畫工用筆在精工細膩，展現出用筆瀟灑之趣味

（圖 7-66）典型元青花牡丹花形開張，展現出一種豪放的趣味

4、胎土：

一般胎色灰白，胎土中含有一定雜質，胎質堅硬，有孔隙，器物因器型碩大貌似厚重，但是實際重量不會過於沉重，敲之聲響高亢（圖7-67）。

5、釉質：

元代青花瓷器是採用蘸釉、澆釉（淋釉）和刷釉工藝，所以看上去釉質豐滿肥厚但平整度欠佳。特別是採用澆釉和刷釉工藝的大件器物，釉面往往留有「淚痕」、「刷痕」或是脫釉的孔洞現象（圖7-68）。

（圖 7-67）元青花胎土

（圖 7-68）元青花採用澆釉和刷釉工藝的大件器物，釉面往往留有「淚痕」、「刷痕」或是脫釉的孔洞現象

元青花一般釉汁厚潤，白中閃青，在顯微鏡或放大鏡之下，釉質稍微模糊，有朦朧現象，釉質之中氣泡密佈，氣泡大小參差不齊（圖7-69，7-70）。除此之外，有些元青花釉面有輕微橘皮現象。用四十倍的放大鏡觀察，可以看到密集而且大小交錯雜陳的氣泡。在典型的元青花上，釉面質地頗佳，釉面光澤柔和，釉質肥潤如堆脂，展現出一流作品的趣味。

元代早、中時期（所謂延祐期）的元青花，釉質朦朧，釉層較薄，元代中期以後的青花，所謂至正型青花，釉層肥厚潤澤，釉光渾厚，側光觀察有波浪現象，小部分典型元青花釉質相當潔白，釉質渾厚而平整。元代晚期到明初期青花，釉中閃青，外銷東南亞的青花瓷器釉中閃灰青（圖7-71）。

（圖 7-69）（元青花顯微的 200 倍）蘇麻離青釉層現象

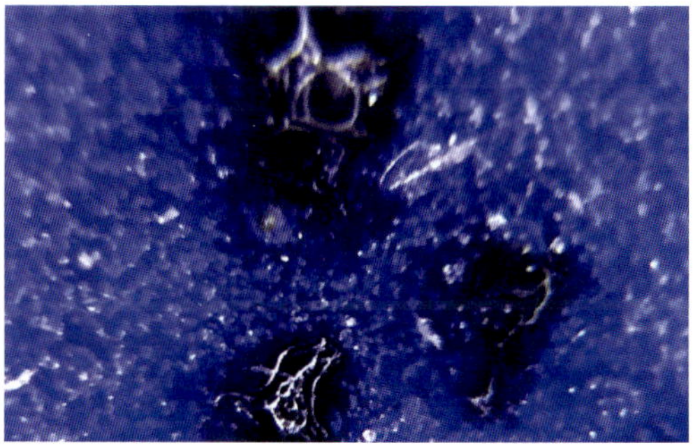

（圖 7-70）（元青花顯微的 200 倍）蘇麻離青釉層現象

（圖 7-71）元青花釉面一般泛青色，積釉處閃藍

6、畫工：

元代早、中期的青花萌芽階段，畫工尚在摸索與實驗階段，因此畫工較差，紋飾簡單，構圖疏朗。元代中期以後到晚期，是元青花的成熟時期，不僅畫工精緻，構圖繁複，用筆展現出瀟灑的趣味，用筆挺健，具有力道感，以小筆勾勒輪廓，以細筆塗抹與暈染，細微之處展現出線條的精細感之外，也展現出層次豐富的趣味（圖7-72），比如說典型元青花的紋飾之中，所表現出來的龍紋、鳳紋、人物紋（人物衣褶與臉部勾勒）、海水紋與松針等等，都體現了用筆挺健與精細刻畫的趣味。而在牡丹花、蓮花、葉片等等，展現了小筆塗抹的層次感（圖7-73）。

鑑識元青花，目前用筆的掌握是必備的素養，因為紋飾畫工愈來愈趨近真品，只有掌握元代青花用筆的細節與真正趣味，才是真正具備足夠的能力鑑識元青花（圖7-74）。

（圖 7-72）用筆挺健，具有力道感，以小筆勾勒輪廓，以細筆塗抹與暈染

（圖 7-73）在牡丹花、蓮花、葉片等等，展現了小筆塗抹的層次感（高安博物館藏）

（圖 7-74）掌握元代青花用筆的真正趣味，才足以鑑識元青花

7、底足：底部一般修底粗率，底部不平，部分有跳刀痕現象，部分瓷器底部中心突起如乳突（圖7-75，7-76）。一般元青花底部露胎不上釉，但是有一部分的元青花玉壺春瓶底部上釉（圖7-77）。

底部砂底稍粗，底心一帶往往會沾上或是甩上一些釉水，燒成之後往往出現釉斑現象。原因在於元青花以澆釉、浸釉法施釉，工匠隨手甩上的釉斑自然而不刻意。或是因為元青花以澆釉法上釉，部分釉汁流到底足之內，在入窯燒造之前，陶工通常會再用刀具將在底足所沾上的釉水刮除，以免燒製之時沾上匣缽內的墊渣，這個過程俗稱「取

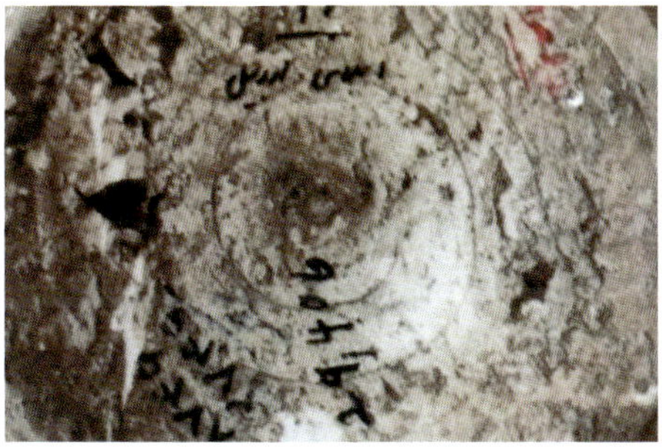

（圖 7-75）
部分元青花瓷器底部中心突起如乳突

（圖 7-76）
元青花一般底部修胎粗率不平整

（圖 7-77）
有一部分的元青花玉壺春瓶底部上釉

（圖 7-78）元青花底部砂底稍粗，底心一帶往往甩上一些釉斑

釉」，由於陶工動作熟練而率意，往往留下一些沒有完全清除的釉漬，燒成之後往往形成釉斑現象。是元代青花特色之一（圖7-78）。

底部露胎處多見火石紅痕，事實上「火石紅」現象僅存在於大部分元代青花瓷器上，也有相當數量元代青花真品上並沒有「火石紅」現象或是不明顯，當時窯火燒造無法一致，不可以一概而論（圖7-79，7-80，7-81）。

（圖 7-81）元代青花釉裡紅開光貼花蓋罐底部，可以見到火石紅痕現象

（圖 7-79）
元青花器物底部露胎處常見火石紅痕

（圖 7-80）元青花底部修胎一般粗率，常見火石紅痕現象

（三）、現代仿品特徵

現代仿製者技術在有利可圖之下，精益求精，日新月異，愈來愈趨近於真品。但是由於材料、工藝成本、畫工技術、窯爐技術等等，無法百分之一百與古代一致，因此，仿品頂多只能「擬真」或是「神似」，但是仍然無法到達百分之一百的一致（圖7-82，7-83）。

雖說仿製無法絕對與元青花真品一致，但是不可否認，現代仿品已經到達可以「亂真」的地步，一般人實在無法辨識，更何況專家也會走眼。只有細心觀察，多接觸真品，多增加經驗，才能練就明察秋毫的「火眼金睛」。

（圖 7-82）元青花贗品畫工與青料發色，皆可以看出明顯破綻。

（圖 7-83）元青花梅瓶贗品的器底

茲將目前所見到的仿品特徵列舉如下，以供大家參考：

1、瓷胎過白、過細或過於堅緻者（圖7-84）。景德鎮所生產的元代青花瓷器的胎質與宋代青白瓷的胎質相似，看上去白中泛灰。

2、底足露胎部位有人工塗抹或噴灑的氧化鐵銹色者。以前曾普遍認為元代青花瓷器的露胎部位均有「火石紅」現象，並將此做為鑒定標準。仿品火石紅痕輕浮，缺乏時間淬煉，老化相當不自然（圖7-85）。

3、內壁光滑無紋者。元代瓶罐等的器物成型工藝，在瓶、罐等器物內壁往往會留下明顯的指紋和旋紋。器物內壁光滑無紋，很可能就是採用現代注漿成型工藝生產的仿品。

4、內壁有修坯刀痕者。在景德鎮陶瓷製作工藝之中，修坯用的刀具有兩類。一類叫「條刀」，是用來修整器物內壁的。另外一類叫「板刀」，是用來修整器物外壁和圈足。「板刀」的出現至少已有千年以上的歷史，而「條刀」僅僅是在清康熙年間才有的。即康熙之前的瓷器只修外壁，不修內壁。康熙中期以後的瓷器才開始用刀具修整內壁。

5、釉色過白或釉質呆板者。元代青花瓷器的釉質都白

（圖7-85）元青花贗品的底部是以人工塗抹氧化鐵水，所製造出來的火石紅痕。

（圖7-84）贗品的釉色往往呈現過白或釉質呆板的破綻。

中泛青，特別是早期產品與宋代青白瓷的釉色基本一樣。

6、釉面光滑平整或釉質稀薄，或是透明度高者。

7、青花中的鐵元素浮於釉表面者。現代絕大多數仿品，大都只是在國產青花料中簡單地加入氧化鐵粉，也不做高溫煅燒處理，所以氧化鐵不可能均勻地融合在氧化鈷中，在高溫的作用下，這些氧化鐵會迅速浮到釉的表面形成結晶。在顯微鏡或是放大鏡之下觀察，多呈呆板的礦渣狀斑點（圖7-86）。

8、青花色澤過於灰暗或過於鮮豔者。

9、所繪紋飾與元代特徵不符者，譬如花葉造型是否大花大葉，龍形是否細頸蛇身等等。用筆技術不佳，紋樣造型方法與用筆方法不符合古代習慣者。用筆柔弱無力、僵硬或是過於刻意，雖然細緻，卻有僵滯之弊病（圖7-87）。

10、器物造型與元代工藝特徵不符者。譬如至正時期的大器風格，設計出許多具備伊斯蘭風格的器型，必須仔細體會與比對。

11、器物的口沿和圈足線條生硬或過於規整者。

12、器物的體積與重量之比明顯超重者。

（圖 7-86）用筆柔弱無力、僵硬或是過於刻意，雖然細緻，卻有僵滯之弊病

（圖 7-87）在顯微鏡或是放大鏡之下觀察，贗品的青料多呈呆板的礦渣狀斑點

13、成型工藝與時代特徵不符者。譬如元青花大器很多是分斷粘接而成，非一體成型的模製或是拉坯完成等等。

14、修足方式與墊燒工藝特徵不符者。譬如修足過於精細，墊燒的窯渣與元代成分不同等等。

15、老化不足或是不自然。器物表面有明顯人工作舊痕跡者或是「賊光」閃爍者（圖7-88）。

16、特別注意以「接底」手法製作的仿品，底部是老底，器身是重新製作的新品。必須注意，仔細觀察整器在器型、釉質、青花、紋飾與老化現象的一致性。

（圖 7-88）器物老化不足。釉面「賊光」閃爍者，皆是贗品的現象

目前仿製水準高超，一旦以「組裝」技術仿製，以一部份殘器（一般是底部，或是其他部位）加以修復重新燒製成整器，再加上做舊技術，做出老化效果，很難被鑑識出來。元青花價格高昂，動輒以億元計價，仿製者有很大的利潤空間，可以慢工細活，可以慢慢製作老化效果，讓其風吹日曬雨淋，或是埋入土中一年半載，盡量做出土蝕的自然效果，使仿品愈來愈逼近於真品。

鑑識元青花一定要以整體觀照的原則進行，全面仔細觀察，缺一不可。鑑識者要從器型、胎土、釉色、釉質、青料、紋飾、底足、修胎、老化等層面，一一細心評估，不能只有單看一部份符合，就認定其是真品，只要有一點懷疑，就有可能是贗品，現在元青花的仿製像真程度可以高達九成以上，僅有一成不到的可能性出現破綻，允許鑑識者可以覺察到是贗品的空間愈來愈窄小，稍一不留神，便會走眼，必須小心謹慎為要。

尤其現在處在二十一世紀的資本主義時代，一方面文物藝術品已經成為投資的商品，元青花動輒千萬、億元計價，製作與銷售贋品有著龐大的利益。另一方面，民主社會允許個人自由出版書籍與圖錄，因此將個人藏品印製成圖錄出版一直相當盛行，坊間充斥著部分有心人士或是素質較差的收藏者，所出版的圖錄，物件真假參雜不齊，甚至全部為贋品者，所在多有，目前看來，企圖魚目混珠者有愈來愈多的趨勢，嚴重干擾了一般收藏家對於真相的知識，收藏家必須認識此一情況之嚴重性，古人所謂「盡信書，不如無書」，初學者或是有心學習的藏家必須謹慎挑選書籍與圖錄做為學習的參考。

筆者誠懇地建議，正確的學習是培養鑑識能力最為重要的第一步，最好以國際知名的博物館或是公立博物館所出版的書籍與圖錄為主，再輔以治學態度嚴謹與具備學術良心的學者所撰寫的學術著作進行學習，以嚴謹的科學態度，逐步吸收新知，培養正確的考古與藝術史的相關知識，提升鑑識眼光與審美能力，以避免產生積非成是的偏見。

藝術鑑賞03

泥與火的藍調——從唐代藍彩瓷到元代青花瓷

作　　者　曾肅良
總 編 輯　薛永年
美術總監　馬慧琪
文字編輯　董書宜
美術編輯　李育如

出 版 者　上優文化事業有限公司
電　　話　(02)8521-3848
傳　　真　(02)8521-6206
E-mail　8521book@gmail.com（如有任何疑問請聯絡此信箱洽詢）
印　　刷　鴻嘉彩藝印刷股份有限公司
業務副總　林啟瑞 0988-558-575
總 經 銷　紅螞蟻圖書有限公司
地　　址　台北市內湖區舊宗路二段 121 巷 19 號
電　　話　(02)2795-3656
傳　　真　(02)2795-4100
官　　網　http://www.8521book.com.tw 上優好書網
網路書店　www.books.com.tw 博客來網路書店
出版日期　二〇二五年二月
版　　次　一版一刷
定　　價　五八〇元

泥與火的藍調：從唐代藍彩瓷到元代青花瓷 / 曾肅良著 .
-- 一版 . -- 新北市 : 上優文化事業有限公司 , 2025.02
272面 ;17*23公分 . -- (藝術鑑賞 ;3)
ISBN 978-626-98932-6-3(平裝)
1.CST: 古陶瓷 2.CST: 古物鑑定 3.CST: 文物研究

796.6　　113017706